上念 司

JN178196

財務省と大新聞が隠す
本当は世界一の日本経済

講談社+α新書
プラスアルファ

まえがき――なぜ彼らは七〇〇兆円の政府資産を隠すのか

「日本政府はＧＤＰの二倍の借金を抱えており、その金額は約一〇〇〇兆円――これを国民一人当たりに直すと約八三〇万円になる」

このことは日本の国民ならもう誰でも知っている話です。朝日新聞をはじめとしたマスコミが今日も、「日本は破産するかもしれない」と国民の不安を駆り立てているからです。

しかし、同じ日本政府が七〇〇兆円近い資産を持っていることを知る人はあまりいません。この金額がどれだけ巨額なものであるか……それは人口は約三倍、経済規模も約四倍のアメリカの政府資産が一五〇兆円ほどしかないことと比べれば一目瞭然です。日本政府は世界で一番の金持ち政府であるといっても過言ではありません。

では、なぜ日本政府はこれほどの資産を抱えているのか？　しかも見えない形で……。

こうしたことを指摘すると、「そんなことをいっても、資産は道路や空港であって、換金することなどできないではないか」という人が必ずいます。しかし、彼らは間違っています。なぜなら政府資産の大半は「現金・預金」「有価証券」、特殊法人への「貸付金」「出資金」などの金融資産。ざっと計算して、その金額は三〇〇兆円以上……これだけでアメリカ政府の持つ資産の約二倍にもなります――。

「それは、バブル経済のときの体験が大きく影響しているね」

これは人伝《ひとづて》に聞いた話ですが、ある財務省キャリア官僚は、匿名を条件にこう言い切ったそうです。

「だって、まったく遊びもせずに東大に受かり、二二歳まで一生懸命勉強してさ、やっと役所に入ったんだぜ。もちろん、最初は日本を素晴らしい国にしようと、希望にも燃えていたさ……ところがバブルのとき、ロクな大学も出てない連中が札束をビラビラさせて派手に遊んでいたんだぜ。給料だって俺たちの何十倍ももらっている。ノーパンしゃぶしゃぶぐらいじゃ、とっても割に合わない。

……そのときからさ、俺たち財務官僚が、むしろ景気が悪いときのほうが民間に権限をひけらかすことができるってことに気づいたのは。租税特別措置を適用してもらおうと陳情してくる業界も多くなるから、将来の天下り先も確保できるしね」

あまりにもセコい、セコ過ぎる！　東京都知事だった人のカネの「節約」のしかたもそうでしたが、実はこんなチンケな事情こそ、財務官僚が日本経済を過小評価したい理由の一つなのだとか。日本のエリートなんて所詮この程度、これこそが偏差値教育の限界なのです。

では、大新聞が財務省や日本銀行（日銀）の見解を無批判に報道し、日本経済の悲観論を垂れ流すのはなぜでしょう？　――それは端的にいって、財務省の記者クラブ「財政研究会」や日銀の「日銀クラブ」のキャップを経験しないと出世できないからです。

サラリーマン化した現在の新聞記者は、特ダネをつかむよりも、むしろ「特オチ」を嫌います。なぜなら権力側から嫌がらせを受けて重大な情報をもらえず、自社だけ横並びのネタを載せられないと上からドヤされるからです。驚くべきことに、この構造は、慰安婦問題や東京電力福島第一原子力発電所事故の際のいわゆる「吉田調書」など、数々の捏造報道と偏向報道に手を染めた、あの朝日新聞ですら同じなのです。

元財務官僚で現在は嘉悦《かえつ》大学で教鞭を執る髙橋洋一《たかはしよういち》氏は、二〇年以上前のことではありますが、驚くべき光景を目にしています。「日銀クラブ」で、取材対象たる日本銀行総裁の定例会見に際し、新聞記者たちが号令をかけ、「起立！　礼！」とやっていたのです。これでは権力の監視機関というより「広報部門」に成り下がっているようなもの……。

さらに、私の師匠であるイェール大学名誉教授の浜田宏一《はまだこういち》氏は、某全国紙のコラムの執筆を依頼された際、原稿を何度も突き返されたそうです。なぜなら、原稿にあった「増税が景気に悪影響を及ぼした」とか、「緊縮財政で却って財政再建は遠のく」という財務省の意にそぐわない部分、これを編集者が削ろうとして、微に入り細に入り、どうでもいい難癖をつけてきたからです。

これは役所に対するマスコミ側の自主規制であり、経済学的にはまったく根拠のないイチャモンです。それを証拠に、同じ新聞紙面には「消費税を増税しないと国債が暴落する」といったデタラメな記事が、なんのチェックも受けずに再三掲載されていました。しかし、本書で明確にお示ししているとおり、消費増税の延期後も、むしろ国債の値段は上がり、おカネを吸い寄せ続けています。

つまり新聞記者にとっては、「増税しないと大変だ」という内容なら何でもアリだったわけです。これを「神ならざるミエミエの手」といわずして、何というべきでしょうか？

二〇一六年の消費税再増税の議論の際に新聞業界はこのような涙ぐましい努力を経て、ちゃっかり軽減税率の対象となりました。一方、「週刊文春」のように権力者に次々と弓を引いてきた雑誌は軽減税率の適用外です。そのせいでしょうか？　二〇一五年の安全保障関連法制審議のときにはあれだけ反権力の偏向報道をした朝日新聞ですら、税金問題については「政府の犬」と化してしまいました。「ジャーナリズム宣言」が聞いてあきれます。

加えて、テレビの地上波は格安の使用料で一部の業者によって寡占《かせん》されています。そして、NHKを除く民放はすべて大新聞の系列会社。そんなテレビが財務省を敵に回すような報道をしないのは当然です。

ここまで至れり尽くせりの「厚遇」を受けている大新聞とその系列たるテレビ局は、いってみれば官との「共謀者」なのです。安全保障関連法制の審議の際には、あれだけ「独自」の偏向報道にご執心だったにもかかわらず、経済報道は大本営発表を垂れ流し……その理由はまさにこれです。

安倍晋三《あべしんぞう》総理が政治主導によって「あるべき政策」を提示すればそれに猛烈に反対し、官僚がゴリ押しする増税は無批判に大賛成しています。

「政治家はダメだけど官僚は素晴らしい！」

これが現在のマスメディアに一貫する「姿勢」です。なんというデタラメでしょう。

たとえば、二〇一六年五月の伊勢志摩サミットにおいて、安倍総理が世界経済にはリーマンショック前夜のようなリスクがあると明言しましたが、野党やマスコミはこの見解をせせら笑いました。しかし、六月のイギリスのEU脱退決定によって、この懸念は現実のものとなりました。

二〇一六年七月の参院選後に期待された大規模な景気対策についても、予算を削りたい財務省は、予算の事業規模を五兆、一〇兆、二〇兆と小出しに膨らませていきました。もちろん、マスコミは忠実に毎回のリークを記事にして、官邸や与党に揺さぶりをかけました。しかし、安倍総理は七月二七日の福岡での講演会において、「事業規模二八兆円、真水（財政支出）六兆、財政投融資六兆」と自らぶち上げて、これら「地ならし」を粉砕しました。

読者のみなさまにおかれましては、ぜひこういった報道にお気を付けください。鵜呑みにして人生設計を間違えたら大変です。増税すれば社会保障の不安が解消されるなんてウソですし、日銀の金融緩和に限界があるなんていうのもウソです。もう報道は全部ウソと最初から決めてかかったほうがいいぐらいです。

経済学の知見をもってすれば、いま日本の置かれている状況を正しく把握することができます。結論的にいえば、日本経済の状況は必ずしも悪くありません。というか、よくするための政策を自ら実行する力があるといったほうが正確でしょうか。

そういう点では、日本経済は危機というより、むしろ世界一の経済を実現できる大きなポテンシャルを持っており、これはノーベル経済学賞を受賞したポール・クルーグマン博士も、浜田宏一氏との共著『２０２０年　世界経済の勝者と敗者』で書いています。

正しく日本経済の現状を把握すれば、日本の未来は決して暗いものでないことが分かります。いや、実は明るいのです。

日本国民の大半がそういう認識を持ち、政策当局のやる気に働きかけることができれば、必ず日本経済は復活すると断言いたします。

目次◉財務省と大新聞が隠す本当は世界一の日本経済

第二章　日本国の財政の嘘

第一章　日本経済の実力と官僚・記者の実力

Q1 日本政府に資産があるといっても、それは道路や空港など固定資産がほとんどで、すぐには換金できませんよね？

A1 いいえ、七割がたは金融資産なので、すぐに換金できます。財務省が発表している「日本国のバランスシート」を見れば明らかです。

一年に二七兆円も増えた政府資産

政府の資産は国民共有の財産です。しかし、その金額を知る人はあまりいません。「国の借金が一〇〇〇兆円」という数字は、マスコミなどによって繰り返し刷り込まれているのに、どうして資産の金額については誰も知らないのでしょう？

企業などの財務状態を表す書類は貸借対照表（バランスシート）と呼ばれています。実は日本政府のバランスシートもあることはあるのです。ただ、マスコミはそれを大々的に取り上げることはないので、その存在に多くの国民は気づきません。

図表1　国の貸借対照表（平成26年度末）

（単位：兆円）

	25年度末	26年度末	増▲減		25年度末	26年度末	増▲減
〈資産の部〉				〈負債の部〉			
現金・預金	18.6	27.8	9.1	未払金等	11.2	11.9	0.8
有価証券	129.3	139.5	10.2	政府短期証券	101.6	99.2	▲ 2.4
未収金等	11.9	11.5	▲ 0.4	公債	855.8	884.9	29.2
前払費用	1.3	4.3	3.0	借入金	28.4	28.9	0.5
貸付金	137.9	138.3	0.3	預託金	7.0	6.5	▲ 0.4
運用寄託金	104.8	103.7	▲ 1.1	責任準備金	9.4	9.7	0.2
貸倒引当金	▲ 2.3	▲ 2.1	0.3	公的年金預り金	112.2	113.7	1.5
有形固定資産	177.7	179.6	1.8	退職給付引当金等	9.1	8.4	▲ 0.7
無形固定資産	0.2	0.2	▲ 0.0	その他の負債	8.4	8.6	0.2
出資金	66.3	70.0	3.7				
その他の資産	6.9	7.1	0.2	負債合計	1,143.1	1,171.8	28.8
				〈資産・負債差額の部〉			
				資産・負債差額	▲ 490.4	▲ 492.0	▲ 1.6
資産合計	652.7	679.8	27.1	負債及び資産・負債差額合計	652.7	679.8	27.1

出所：財務省

それは財務省のホームページ（HP）の片隅に、ひっそりと、そしてなぜか二年度遅れで公開されています（図表1）。

財務省が認める日本の政府資産は平成二六年度末（二〇一五年三月末）時点で六七九・八兆円です。前の年が六五二・七兆円だったので、二七・一兆円の増加です。この時点で何かが違うと思った人はとても鋭い！

マスコミは、「現在の財政赤字は大変で、消費税増税しない限り日本は滅ぶ」くらいにいっていますが、そんな大赤字の国の資産が、何で一年に二七・一兆円も増加するのでしょうか？

赤字で余裕がないなら、むしろ資産を取り崩して売るくらいじゃないとおかしいですよね？　ところが、実際には政府資産は約四・

図表2　政府資産と負債の推移

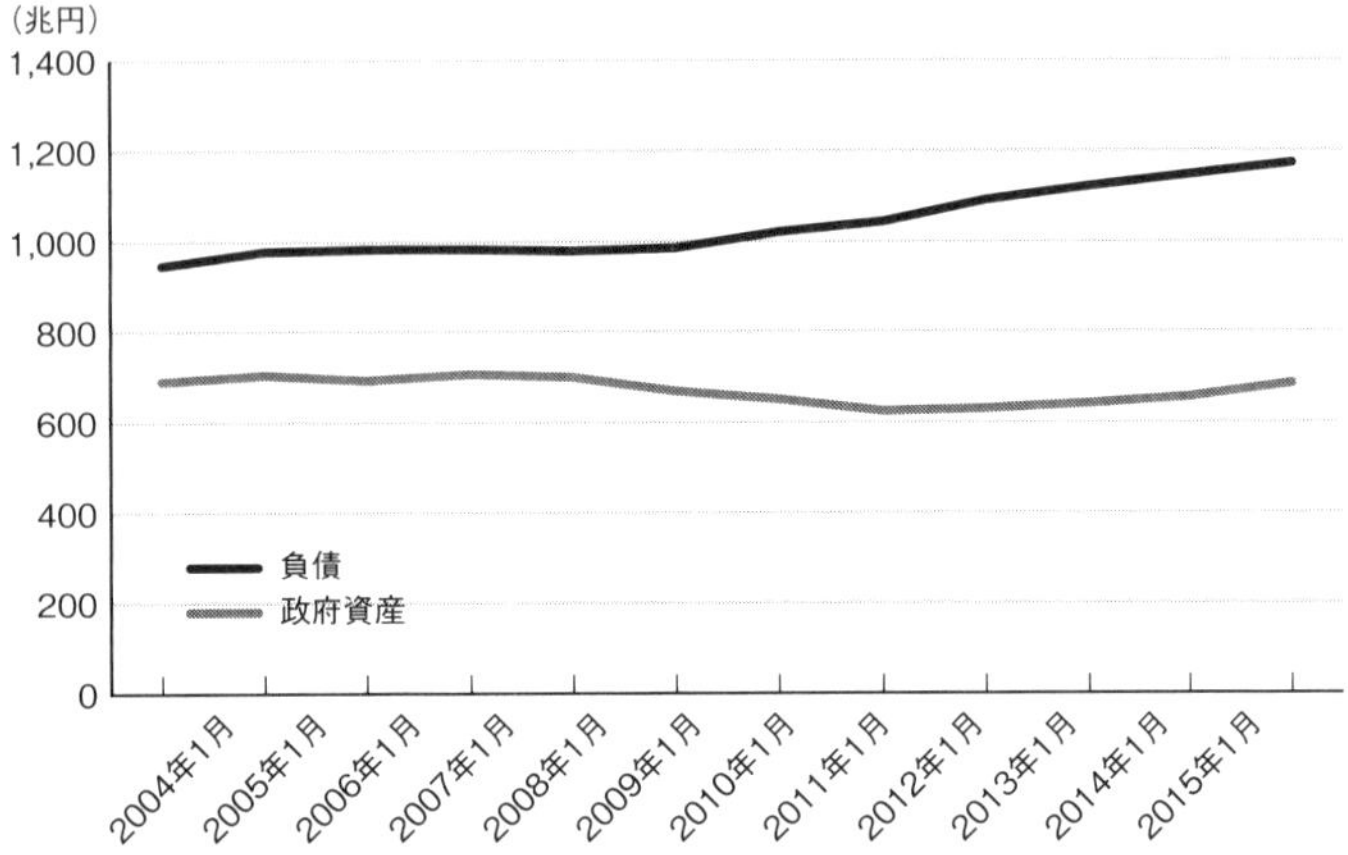

出所：財務省、日本銀行　※筆者によるグラフ化

二%も増えてしまったわけです。

私は意地悪なので、データが存在する平成一五年度（二〇〇四年三月末）以降の政府資産と負債のバランスを調べてみました。その結果が図表2です。

一見すると、政府資産が横ばいにもかかわらず、負債ばかりが増えているように見えます。しかし、ここにもトリックがあります。実は、財務省が発表している貸借対照表には、大きな見落としがあるのです。

見落としているのは、巨額の資産を持つ超優良子会社です。しかも、その子会社の利益は全額親会社である政府に上納しなければいけないという掟《おきて》があります。ものすごいブラック体質なのです。

巨額の資産を持つ日本国の子会社

その子会社とは、何を隠そう日本銀行（日銀）です。

日銀はお金を発行する日本の中央銀行であると同時に、政府の子会社でもあります。日銀は業務として、望ましい物価上昇率の目標を達成するため、国債など金融資産を購入しています。そして素晴らしいことに、日銀が購入した国債への利払いは日銀の利益になるので、ブラックルールにより全額政府に上納されます。

また、誤解を恐れずにいえば、元本の償還期限が来ても、政府はいくらでも日銀に借り換えを要求することも可能です。

もちろん、あまりにも野放図に国債を日銀に買わせまくると、大量の日本円が発行されるのと同じことになり、インフレが起こります。ただ、現在のように物価上昇率が二％という目標に届かない場合、むしろインフレの発生は好ましいということになりますので、日銀は二〇一三年から国債買い入れの手を緩めていません。逆に、物価上昇率の目標を達成して、それ以上に物価が上昇する気配を見せたら、日銀は国債の買い入れを減らし、インフレ率の上昇を抑えることができます。

ここで、日銀が国債を買い取るということは、イトーヨーカ堂の手形をセブン‐イレブ

図表3　政府資産・統合政府資産・負債の推移

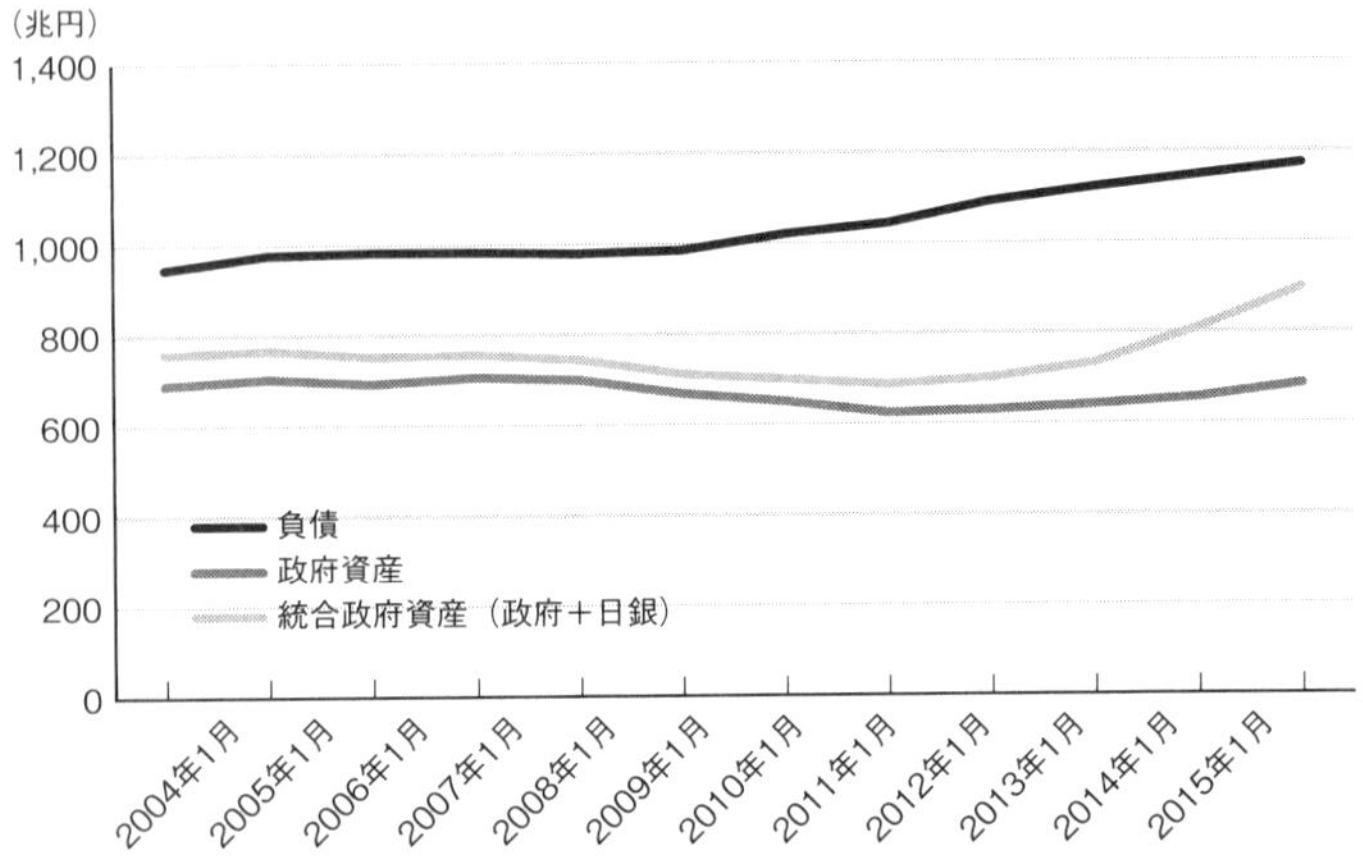

出所：財務省、日本銀行　※筆者によるグラフ化

ン・ジャパンが買い取るのと同じです。セブン＆アイ・ホールディングス全体で見れば、手形の残高はゼロということになります。

この点を踏まえて、政府と日銀を「統合政府」として見て、改めてグラフを作成してみましょう。

図表3をご覧いただければわかる通り、日本の財政状態は大幅に改善しています。これを資産に対する負債の倍率で表すと図表4のようになります。

統合政府の資産に対する負債の倍率は、小《こ》泉《いずみ》政権の頃は一二五％でした。その後、民主党政権時代に大幅に悪化し一五五％に達しましたが、安倍政権になって急激に低下しました。二〇一五年三月末時点で、最悪期から約二五％も改善し、一三〇％になっていま

図表4　資産に対する負債の倍率

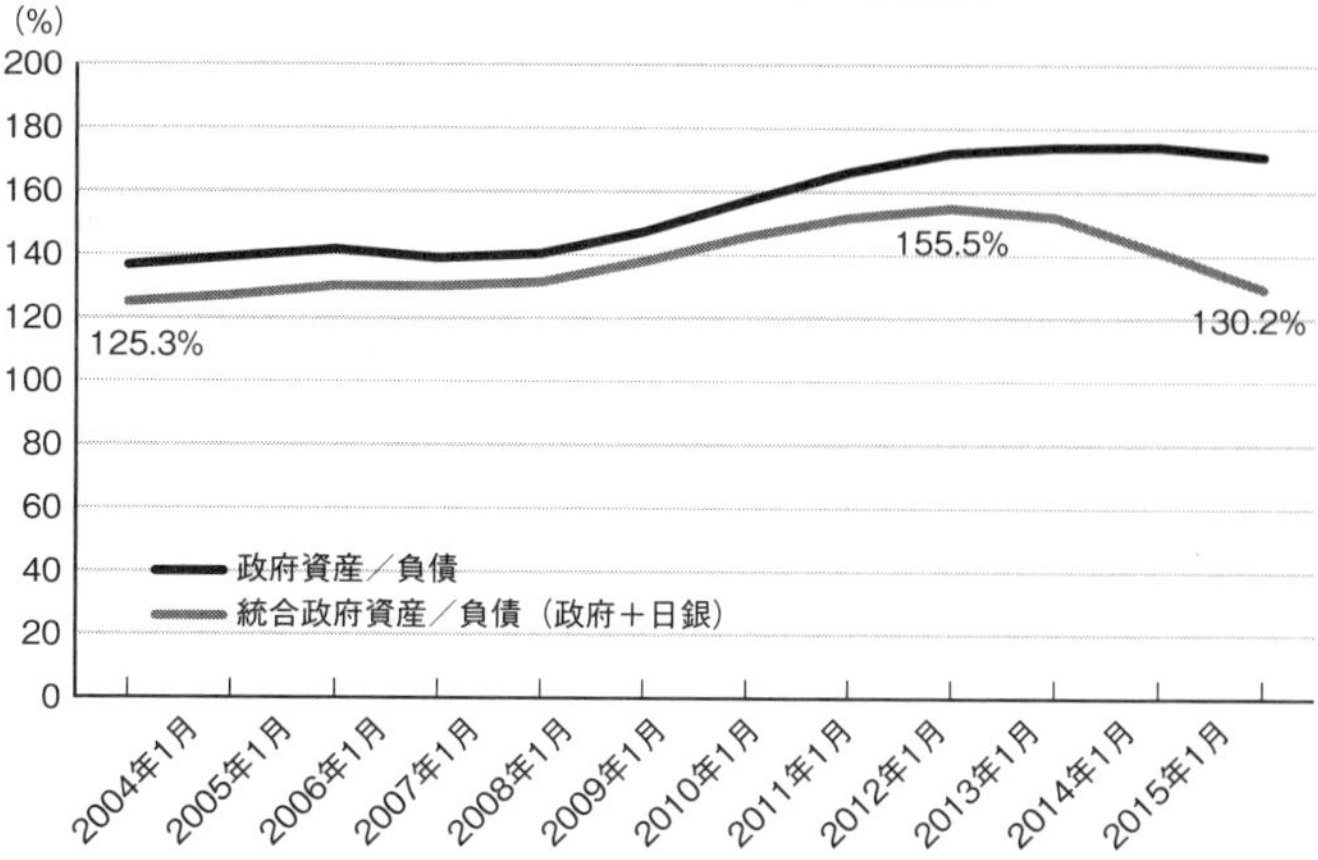

出所：財務省、日本銀行　※筆者によるグラフ化

す。このままあと二～三年、アベノミクスを続ければ、負債総額が統合政府の資産総額を下回り、純資産をプラスに転換することができそうです。

もちろん、日銀による「異次元緩和」はいつか終わります。しかし、それが終わるときは日銀が目標としている望ましい物価上昇率である二％を達成して、もう二度とデフレに戻ることがないということが確認されたときです。

通常、デフレが終わる過程で景気が良くなってGDPが増加しますので、自然と税収も増えていきます。一〇〇円のジュースが一本しか売れなければ八％の消費税は八円ですが、二本売れれば一六円になります。税率を変えなくても、景気が良くなってモノがたくさん売れれば、税収は増えてしまうのです。果たしてそのとき、日本の財政状態が現在より良いのか悪いのか、答えは明白ではないでしょうか？

国民がすぐに使える五七九兆円

しかし、それでも世の中にはどうしても日本の良さを認めたくない自虐的な日本人がいます。こういう人は、「政府の資産なんて、どうせ建物とか空港とか自衛隊の基地に決まってる。売れるわけない！」なんてテキトーなことを平気でいいます。

では、財務省の資料から彼らのいう建物とか、空港とか、自衛隊の基地に当たる資産の割合をはじき出してみましょう。これらはいわゆる有形固定資産という勘定《かんじょう》科目に分類される資産で、平成二六年度の貸借対照表では一七九・六兆円計上されています。統合政府の資産合計額は九〇〇兆円なので、その割合を求めると、ちょうど二〇％です。そう、たった二割です。

では、それ以外の八〇％の資産は一体なんでしょう？　日銀が持つ国債残高（二二〇兆円）は政府の子会社の資産ですから、ある種の金融資産です。有価証券（一三九・五兆円）、未収金等（一一・五兆円）、貸付金（一三八・三兆円）、運用寄託金（一〇三・七兆円）、出資金（七〇・〇兆円）、これらもすべて金融資産です。

年金の運用寄託金は国民からの預かり資産なので除外したとしても、五七九兆円もの金融資産が国庫に眠っている……売れないどころか、大半は売れる、廃止して国民に返してもいいものなのです。

たとえば、有価証券のうち一二八兆円は外国為替資金特別会計のものです。この特別会計は為替介入の資金をプールするためにありますが、変動相場制の日本において為替介入が一体どれだけ必要かは、はなはだ疑問です。

ですから、ここに溜まった資金はすべて取り崩し、減税してもいいのではないでしょうか？　他の先進国では、そもそもこうした特別会計が存在している国が少ない。仮にあったとしても、その規模は日本の数分の一です。なぜなら、変動相場制においては中央銀行の金融政策のスタンスが中長期的な為替レートを決定するため、為替介入そのものが一時的な緊急避難以外には使われないからです。

出資金七〇兆円のなかには、二〇一六年に発覚した甘利《あまり》明《あきら》・経済再生担当大臣の事件でお馴染みの、ＵＲ（都市再生機構）のものなども含まれています。昔の公団住宅のイメージでこの団体を見てはいけません。現在ＵＲが手掛ける物件は都心の一等地の高級高層マンションばかり。家賃も近隣相場に比べて高く、富裕層向けのビジネスをやっているといっても過言ではありません。

これだけ民間のマンションデベロッパーがひしめく日本において、高級賃貸マンションを政府の子会社が建設する必要はあるでしょうか？　低所得者向けのいわゆる公団住宅のみに事業を限定して、不要なお金は政府に返却させるべきでしょう。

とはいえ以前、私はURの住宅にお世話になっていた時期があり、保証人不要、礼金ナシなどのメリットを享受《きょうじゅ》していました。もちろん、この有利な条件は、税金によって支えられていました。当時、URに住んでいた私にとってはある種の既得権でした。しかし、そんな赤の他人の家賃の面倒まで見させられている一般国民にとって、これは大変迷惑な話です。

政府資産の問題とはまさにここにあります。一部の既得権を持つ人にとって、政府からの出資金や借入金の引き上げはとても迷惑な話。オイシイ利権がなくなってしまうとなれば必死で抵抗します。そして、これこそが日本の財政健全化を妨げている最大の要因なのです。

もちろん、この実態が広く国民一般に知れ渡れば、その怒りは爆発して強烈なバッシングが待っています。国民が政治を動かせば、彼らはひとたまりもありません。

だからこそ、何となく国の財政は悪化していて、資産なんてないし、仮にあったとしても売れるものなどないという「都市伝説」を広めておきたいわけです。この問題の根っこは意外と深いところにあるということがお分かりいただけたでしょうか？

Q2 日本の政府は膨大な借金を抱えているといわれますが、これは完済しないといけないのですか？

A2 いいえ、実は返す必要はありません。

永久に借金を繰り返せる人とは

政府債務の問題を論理や道徳の問題で語ろうとする、間違った考えの人が多すぎて本当に困ります。彼らは政府の借金はゼロになることが論理的に正しい状態で、一円でも政府が借り入れをしていたら不健全だと考えるようです。

しかし、政府の借金は必ずしも「完済」する必要はありません。まして、借金をゼロにしなくてもいいのです。その理由は、政府の寿命が一般人とはまったく違う、というところにあります。

通常、多くの人が政府債務の問題と、個人の債務問題を混同しています。確かに個人で借金をした場合には、返済期限までに完済するのは常識です。借金を踏み倒すことは倫理的に許されない、泥棒のような行為といわれても仕方ありません。

しかし、政府の場合は個人の借金とは決定的に違うところがあります。それは、個人はいつか死にますが、政府は死なないという点です。こんな喩《たと》え話で考えてみましょう。

①鈴木さんは三〇代で一念発起《いちねんほっき》してマイホームを購入しました。もちろん、お金は足りませんので、三〇年ローンで三〇〇〇万円の借金をします。

←

②鈴木さんが六〇代でローンを完済するころ、この家が古くなって住み心地が悪くなってきました。そこで鈴木さんは一念発起して、家を建て替えることにしました。もちろん、お金は足りませんので、三〇年ローンで三〇〇〇万円の借金をします。

←

③鈴木さんが九〇代でローンを完済するころ再び家が古くなり、住み心地が悪くなってきました。そこで鈴木さんは一念発起して、家を建て替えることにしました。もちろん、お金は足りませんので、三〇年ローンで三〇〇〇万円の借金をします。

←

④鈴木さんが一二〇代でローンを完済するころ再び家が古くなり、住み心地が悪くなってきました。そこで鈴木さんは一念発起して、家を建て替えることにしました。もちろん、お金は足りませんので、三〇年ローンで三〇〇〇万円の借金をします。

←

⑤鈴木さんが一五〇代でローンを完済するころ再び家が古くなり、住み心地が悪くなってきました。そこで鈴木さんは一念発起して、家を建て替えることにしました。もちろん、お金は足りませんので、三〇年ローンで三〇〇〇万円の借金をします。

実は、鈴木さんは政府と呼ばれる死なない生命体だったのです！

鈴木さんは単に死なないだけではありません。一〇〇歳を超えても元気にバリバリ働けます。鈴木さんの仕事は町内会を回って会費を集めることであり（徴税権）、そして、鈴木さんの奥さんは偽札作りの名人（通貨発行権）です。銀行は安心して鈴木さんに住宅ローンを融資できるわけです。

これは笑い話でもなんでもなく、政府債務の本質を表す寓話です。政府というのは徴税権と通貨発行権を持ち、永久に生き続けると想定されています。よって鈴木さんのように、永久に借金を繰り返すことができるのです。

政府債務の総額より重要なこと

しかし、ここで鋭い読者の皆さんは、「銀行が借金漬けの鈴木さんの将来を危ぶんで、融資を打ち切ったらどうなるんだ？」というツッコミを心のなかで行っていると思います。大変センスのいい指摘です。

そこで、問題になるのが鈴木さんの債務の維持可能性ということになります。鈴木さんは永久に生きるので、仮に借金が一億円だったとしても、毎年一円ずつ返せば、一億年後には完済できる見込みが立ちます。ただし気を付けなければならないのは、借金には金利が付いているということ。元本を一円ずつ返せたとしても、金利がそれ以上に増えてしまえば、一億年かけても借金は返せません。

その点も考慮すると、「毎年の債務の伸びより鈴木さんの収入の伸びのほうが大きければ債務の維持可能性は担保できる」という結論になります。これは「公債のドーマー条件」として知られる経済の掟《おきて》で、次のような不等式で表されます。

■名目GDP成長率＞名目公債利子率

名目公債利子率より名目GDP成長率のほうが高ければ、借金の増えるスピードより収入の増えるスピードが速い、そのためこの債務は完済できます。

もちろん、無限の寿命を持つ政府のことですから、それが一億年後なのか、一兆年後なのかは分かりません。しかし、少なくとも債務残高は「発散」することなく、「収束」することは確かです。そして、これこそが債務の維持可能性の具体的な中身なのです。

ちなみに、政府の債務の維持可能性を判定する手段には、ドーマー条件の他に、「プライマリーバランス（基礎的財政収支）」というものもあります。プライマリーバランスとは、国債の利払いや借り換えに関する費用を除いた、政府の歳入と歳出のバランスのことです。分かりやすくいえば、政府の「本業の儲《もう》け」ということになります。

プライマリーバランスが黒字であれば、利払いや借り換えの費用を捻出した後にもお金が残っているということになるので、その一部は政府債務の返済に充当できます。仮に一円ずつ充当したら、一〇〇〇兆年で日本の借金は完済できる目途《めど》が立ちます。

このように、政府債務は来年とか再来年に完済する必要はありません。一〇〇〇兆年後にでも完済する目途さえ立つなら、つまり債務の維持可能性があるなら、借金の総額はあまり問題ではないということになります。

もちろん、一〇〇〇兆年後の世界においても、その先一〇〇〇兆年後に借金完済の目途が立っているのならば、別に政府債務をゼロにする必要はまったくありません。

とはいえ、一〇〇〇兆年後というのは弥勒菩薩《みろくぼさつ》の出現よりも未来の話で、具体的にイメージするのが難しい読者もいるでしょう。そこで、もっと近い未来において政府債務をどうするべきか、これについても触れておきましょう。

名目成長率の上昇で減る実質債務

政府債務は個人の債務とは違い、残高をゼロにする必要がないことは、近い未来でも遠い未来でも同じです。ただし、もし近い未来において政府債務の問題を改善することを目指すのであれば、債務残高と名目GDPのバランスを考えるという視点が必要かもしれません。

つまり、債務残高の伸びより名目GDPの伸びのほうが高いという状態を続ければ、名目GDPに占める政府債務の割合は縮小していく、ということになります。

たとえば、政府債務の残高が毎年五％増大するとしても、名目成長率がそれ以上あれば、実質的な債務の負担はどんどん減っていくことになります。これは、借金は増えるのに収入に占める割合が減っていく、ということ。大変不思議に感じるかもしれませんが、政府債務というものは、こういう形でしか減らすことができないのです。

現在、国債金利はマイナスであり、借金の増加スピードは著しく低下しています。これに対して日本の名目成長率は二・五％です（二〇一六年三月八日に発表された二〇一五暦年換算の二次速報値）。

名目成長率を上げるためには、デフレを脱却して経済成長をすることが必要です。そういう意味で、安倍晋三政権が進めてきたアベノミクスは、政府債務の問題を解決するための唯一の方法といっても間違いではありません。

ただし、様々な政治的な理由で行った消費税の増税は、もともとアベノミクスのメニューにはないものでした。そして、これが現在日本の経済成長の足を引っ張っているというのは皮肉なことです。増税の理由に「財政再建」を挙げていた日本の識者はたくさんいましたが、結果的には、経済成長を阻害して財政再建を妨げてしまったからです。

安倍総理は、そんな日本の識者には愛想を尽かしたようで、海外のノーベル賞受賞者などの経済学者から様々な助言を受けるようになりました。二〇一六年に面会したポール・クルーグマン氏やジョセフ・スティグリッツ氏などですが、まったくもって当然のことですね。

ただ、残念なことに自国の総理大臣にすら信用されない識者は未だにマスコミに登場しております。私たちも安倍総理と同様に、彼らに対して疑いの目を向けることが必要ではないでしょうか？

Q3 日本の借金は一〇〇〇兆円以上だと危機を煽《あお》る財務官僚は、経済のプロなのですか？

A3 いいえ、ほとんど法学部出身です。先進国でも発展途上国でも普通、経済のテクノクラートは経済学博士号を持っています。

明らかに低学歴な財務官僚たち

財務省のホームページに公開されている「採用昇任等基本方針に基づく任用の状況（平成二四年度）」という資料には、キャリアおよびノンキャリアの官僚の出身大学と学部の情報が掲載されています。この資料をまとめると次のような恐ろしい事実が判明します。

まずはキャリア官僚の出身大学および学部を見てみましょう（図表5）。

三六名の同期のうち、東京大学法学部の占める割合が約三分の一に当たる一一人です。その他の学部や大学院まで含めると、東大が一九人と過半数を占めています。官僚は東大優位というのは事実のようです。

図表５　財務省キャリア官僚の出身大学ならびに出身学部

大学・学部	人数
東京大学法学部	11
東京大学経済学部	4
京都大学経済学部	1
慶應義塾大学経済学部	1
慶應義塾大学大学院経済学研究科	1
信州大学経済学部	1
名古屋大学経済学部	1
北海道大学経済学部	1
早稲田大学政治経済学部	1
東京大学大学院公共政策学教育部	1
早稲田大学大学院公共経営研究科	1
早稲田大学商学部	1
東京大学文学部	1
同志社大学文学部	1
京都大学法学部	1
慶應義塾大学大学院法務研究科	1
千葉大学法経学部	1
東京大学大学院法学政治学研究科	1
一橋大学法学部	1
北海道大学大学院法学研究科	1
明治大学法学部	1
早稲田大学法学部	1
東京大学大学院工学系研究科	1
合計	36

図表6　財務省キャリア官僚の出身学部

学部	人数	割合
法学部	20	55.6%
経済学部	11	30.6%
その他	5	13.9%

次に、大学の壁を取り払って学部別の人数を集計してみましょう（図表6）。ここにも驚くべき事実があります。

圧倒的に法学部が優位です。経済を取り扱う官庁なのに、大学時代に経済学を学んだ人が三割しかいません。

そして、もう一つ注目しなければならないのは、彼らの学歴です。学歴というのは出身大学という意味ではなく、大学卒の学士なのか、大学院卒の修士なのかという点です。

先ほどの表で数えてみると、大学院卒の修士は七名で、全体の二割しかいません。言い方は良くないのですが、意外にも低学歴です。

では、次に財務官僚のトップである財務事務次官の出身大学と学部について、前職の田《た》中一穂《なかかずほ》氏から二〇年ぐらい遡《さかのぼ》って確認してみましょう。

田中一穂　東京大学法学部卒業
香川俊介《かがわしゅんすけ》　東京大学法学部卒業
木下康司《きのしたやすし》　東京大学法学部卒業
真砂《まなご》　靖《やすし》　東京大学法学部卒業
勝栄二郎《かつえいじろう》　早稲田大学法学部卒業、東京大学法学部学士入学卒業
丹呉泰健《たんごやすたけ》　東京大学法学部卒業
杉本和行《すぎもとかずゆき》　東京大学法学部卒業
津田廣喜《つだひろき》　東京大学法学部卒業
藤井秀人《ふじいひでと》　京都大学法学部卒業
細川興一《ほそかわこういち》　東京大学法学部卒業
林《はやし》　正和《まさかず》　東京大学法学部卒業
武藤敏郎《むとうとしろう》　東京大学法学部卒業
薄井信明《うすいのぶあき》　東京大学経済学部卒業
田波耕治《たなみこうじ》　東京大学法学部卒業

小村《こむら》　武《たけし》　東京大学法学部卒業
小川《おがわ》　是《ただし》　東京大学法学部卒業
篠沢恭助《しのざわきょうすけ》　東京大学法学部卒業

例外は勝氏、藤井氏、薄井氏ですが、勝氏は学士入学で東大法学部に入り直して卒業しています。八〇%以上の確率で東大法学部の出身者が財務省のトップになるというシステムであることは明らかなようです。

ちなみに、現職の事務次官である佐藤慎一《さとうしんいち》氏は珍しく東大経済学部出身です。増税推進派だった佐藤氏は信念を曲げて増税延期を進める官邸にお願いしたといいますから、経済学の知識だけでなく腹芸も達者みたいですね。

法学部卒に財政再建はできない

さて、経済の司令塔として財政政策を取り仕切る財務官僚ですが、経済のプロフェッショナルに見えるでしょうか？

法学部出身の新卒プロパー職員が、基本的に内部の研修と職務経験だけで昇進し、最後に事務次官にまで上り詰める――これが日本の経済の司令塔となる人を育てるプログラムということになります。こんな感じで本当に大丈夫なのでしょうか？

しかも、財務省に限らず、日本の官僚は役所を辞めてからも省庁の斡旋《あっせん》によって政府系の機関や民間企業に天下りします。つまり、新卒でいったん足を踏み入れたら、一生面倒を見るシステムになっているわけです。もちろん、「上」の意向に逆らわない限りですが……。

偏差値ランクで大学を選ぶ感覚で人気の就職先として財務省を選んでしまったものの、実際に仕事をしてみたらまったくセンスがなかったという人も当然いるでしょう。しかし、こういう人であっても、役所にしがみついていれば、死ぬまで面倒を見てもらえます。

比較のためにアメリカ財務省の採用ページを確認してみました。日本とは公務員制度が違うため、キャリアとノンキャリアに簡単に分類できませんが、ワシントンの本省勤務を基準に見てみましょう。採用ページには、本省に勤務する人材に求められる能力として、以下のようなものが列挙されています。

Accountants（会計士）
Attorneys（弁護士）
Budget Analysts（予算アナリスト）
Contract Specialists（契約専門官）

Economists/International Economists（経済学者、国際経済学者）
Financial Analysts（金融アナリスト）
Human Resources/EEO Specialists（人材管理、育成の専門家）
Information Technology Specialists（ＩＴスペシャリスト）
Intelligence Specialists（情報スペシャリスト）

職種は多岐にわたっていますが、基本的にすべてネット上で公開されています。日本と違って新卒一括採用や終身雇用ではありません。

実際にワシントン本省勤務の仕事を検索してみたところ、四つの職種で募集があり、いずれも連邦政府での勤務経験が必須でした。つまり、即戦力、中途採用のみ、という厳しい資格要件ということになります。

また、アメリカの就職情報サイトで、アメリカ財務省に就職する方法を調べてみました。基本的に、金融、会計、経済、経営など、財務省の業務に関係する大学の学部を優秀な成績で卒業し、最低二年間の実務経験を積む必要があります。なぜなら、これがVoluntary Certified Treasury Professional（ＣＴＰ）になる資格だからです。

ＣＴＰは日本でいうところのインターンです。ここでキャリアを積んで、正式な採用試験に臨むというのが、アメリカ財務省における採用活動ということになります。日本のようなクソ甘い「しゅうかつ」とはまったく違う、「使える奴」を厳しく選別する仕組みです。アメリカのエリート官僚は競争が激しく、基本的に終身雇用を前提としていませんから、こういう制度になるのでしょう。

しかし先進国においては、アメリカと似たような制度を取る国がほとんどです。逆に、日本のような法学部優位の公務員制度というのは、どちらかというと発展途上国の制度に近いといわれています。

もちろん、何でも先進国の基準に合わせればいいというものではありません。しかし現在の公務員制度では、基礎的な経済知識や実務経験などの点において、日本の官僚がスペシャリストと呼ぶにはかなり苦しい状況にいることは確かです。

財政再建と口ではいいつつも、かれこれ三〇年ぐらいその状況が良くならないのは、財務官僚の能力が足らないからだということにならないでしょうか？

いずれにしろ、能力のない人を「プロ」とは呼べませんね。こうした点を、ぜひ大新聞が追及していくべきでしょう。

Q4 前問に関連しますが、さすがに新聞の経済部の記者は、経済のプロなのですよね？

A4 いいえ、社内での異動があったり、一〇年もするとデスクとして編集作業に当たるようになるため、経済分野のプロの書き手に育つのは困難です。

日経の「学部・学科は問いません」

そもそも、経済部に配属される記者が経済の専門知識を持っているとは限りません。なぜなら、財務官僚の項でも見てきたように、新聞社の採用も基本的には新卒一括採用がメイン。採用される学生も経済学を専門に修めた学生とは限らないからです。

たとえば、「経済専門紙」であるはずの日本経済新聞では、記者の採用条件に、経済、金融、経営、会計などの履修は含まれていません。本書の執筆時点で日経新聞の新卒採用ページを見てみると、応募資格は次のようになっていました。

〈応募資格〉

一九八八年（昭和六三年）四月二日以降に生まれ、四年制大学を二〇一七年（平成二九年）三月までに卒業見込みまたは既卒の方、同程度の学力を有する方。学部・学科は問いません。

信じがたいことですが「経済専門紙」ですら、経済、金融、経営、会計などの大学教育を不要としています。「学部・学科は問いません」と。

日経新聞ですら、こうですから、他の新聞は推《お》して知るべし。実際に朝日新聞、読売新聞、毎日新聞、産経新聞についても調べてみましたが、応募資格は日経新聞と大して変わりませんでした。

では、中途採用についてはどうでしょう？　さすがにこれは即戦力ということですから期待ができます。日経新聞の中途採用のページを確認してみたところ、さすがにありました！高度な専門記者という職種です。

〈高度な専門記者〉

経済、財政、マーケット、企業経営、外交・安全保障、ＩＴ、エネルギーなどの分野に関して、専門的視点から深い解説記事などを書ける人材を求めています。博士号または同等の専門知識をお持ちの方や、シンクタンク、大学、企業、研究機関、官庁などで実務・研究経験を積んだ専門的な分析力を持つ方を歓迎します。

これなら期待できそうですね。きっと、日経新聞の経済記事はすべてこういったプロフェッショナルによって書かれていると思いたいところです。

ただ問題は、高度な専門記者が新卒に比べてどれぐらい採用されているかということです。比較のために、日経新聞のここ数年の新卒採用実績を確認してみましょう。

二〇一三年四月入社：四九人
二〇一四年四月入社：五三人
二〇一五年四月入社：五八人
二〇一六年四月入社：六四人

（出所：リクナビ）

毎年、この人数に匹敵する高度な専門記者を採用するためには、仮に通年採用であってもそれなりの募集広告などが出されているはずです。そこで、三つの主要な転職サイト（リクナビＮＥＸＴ、マイナビ転職、エン転職）で「日経新聞」をキーワードで検索してみました。

結果は、リクナビＮＥＸＴでは四件、マイナビ転職では六件、エン転職ではヒットなしでした（二〇一五年四月七日現在）。

しかし、リクナビＮＥＸＴとマイナビ転職でヒットした仕事は、いずれも高度な専門記者ではありません。日経新聞のグループ会社で広報誌などを作成する会社とか、日経新聞に掲載されるＩＲ情報の作成会社や日経新聞の販売店、あるいは単に「日経新聞にも取材される仕事」ということでキーワード検索に引っかかった会社ばかりでした。

どうも日経新聞は、高度な専門記者の採用に消極的なようです。募集は、日経新聞の公式サイトに細々と掲載されているだけですから、これではいくら通年採用とはいえ、新卒に匹敵する人数を獲得するのは難しいと思われます。

私の知る限り、日経新聞の記者のうちには中途採用の人はほとんどいません。やはり、新卒からずっと勤め上げている人の割合が圧倒的に高いです。

これらの情報を確認するために、実際に日経新聞に勤めている友人を直撃してみました。すると、なんと、「高度な専門記者という職種で採用された人に社内で会ったことがない」

とのお答え……その友人曰《いわ》く、「社内報の入社情報などによると、デジタル系とか、英文対応できる人材などの採用がメイン」とのことです。どうも、私が想像していた高度な専門記者とはかなり違うようです。

「経済専門紙」ですらこの程度ですから、他の新聞やテレビ、ラジオなどはもっと酷《ひど》い状況であることはいうまでもありません。日本の新聞、テレビ、ラジオなどで垂れ流されている経済ニュースは、経済の専門的な教育を受けていない人たちによって作られているのです。

ライブドアに辛く東芝に甘い新聞

では、なぜ彼らは素人《しろうと》なのに記事が書けるのでしょうか？　とても不思議なことですが、日本では素人でも記事が書ける仕組みが整っているからです。それが、「記者クラブ」という制度。私はこれを勝手に「ヤギ牧場」と名付けました。

記者は紙を食べます。その紙は、官庁や会社のプレスルーム担当の人が配ってくれます。それを適当に編集すると、あら不思議！　記事の出来上がりです。

しかし、新聞社は複数あり、一応ライバル関係にあります。配られる紙をひたすら記事にするという単純作業で他社と競争するというのは大変です。差をつけるとしたら、誰が一番早く紙をもらえるかという競争しかありません。場合によっては紙をもらう前に、その内容だけ口頭で聞いて記事にしてしまうのです。

そうすると、後で紙が出たときに他紙が後追い報道をします。これがいわゆる「抜いた」「抜かれた」という新聞社同士の独自の戦い、いわゆる「特ダネ」の本質です。

ですから、「夜討ち朝駆け」の取材とは、紙の中身を知っていそうな政治家や官僚などとズブズブのお友達関係になって、事前にその中身を教えてもらうという、涙ぐましい努力のことを指しているのです。

さて、こんな報道のやり方に問題はないでしょうか？　大ありです。経済理論は一体、どこに行ってしまったのでしょう？

情報を出す側は、先に紙の中身を教えることで、自分たちに有利なように報道内容をコントロールしようとします。「特ダネ」をもらうために、記者は情報の出し手にも恩を売りたいので、相手の意向にある程度従わざるを得ません。しかし、そんなことを続ければ、新聞は単なる官庁や大企業の発表媒体になってしまいます。ジャーナリズムは一体、どこへ消えたのでしょうか？

経済報道でこんなことをやっているからこそ、ライブドア事件をあれだけ叩いた新聞が、オリンパスや東芝の粉飾決算には甘いわけです。

そして、財務省の記者クラブから紙をもらっているからこそ、増税の悪影響がこれほど広がっているのに、「財政再建のために増税しろ」などという記事を恥ずかしげもなく書いてしまうのです。

高度な専門記者がなぜ不要なのか、その理由がこれでお分かりいただけたのではないでしょうか。

新聞のビジネスモデルがこうである以上、高度な専門知識など、むしろ記事を作成するうえでは邪魔にしかなりません。

もちろん、新卒からたたき上げの新聞記者のなかにも、自分で積極的に勉強して正しい経済知識を身に付けた例外的な人材もいますが、圧倒的に少数派です。こうした人が新聞社の中枢から外れて主に雑誌やネット媒体などに寄稿しているのも、高度な専門記者が邪魔なことと、まったく同じ理由です。そんなスキルは、新聞の紙面を作るには不要なのです。

Q5

やはり前問に関係しますが、テレビの「報道ステーション」などで若手の法学者、宗教学者、哲学者らが経済問題、たとえば「日本の借金」についてコメントしていますが、欧米でもそうなのでしょうか？

A5

まず、欧米と日本では同じニュース番組でもまったく意味が違います。そもそも、テレビを取り巻く環境が大きく異なるからです。

みのもんたの慧眼

簡単にいうと、世界的なテレビの趨勢《すうせい》は多局化、多チャンネル化です。これに対して日本は、デジタル放送が始まったにもかかわらず、未だにNHKと五つの民放系列局が電波を寡《か》占《せん》しています。

このため、日本のニュース番組と海外のニュース番組を同列に論じること自体がかなり難しいといえます。なぜなら海外の場合、多チャンネル化の流れを受けて、ニュース番組というよりもニュース専門チャンネルになってしまったからです。

「スカパー！」など衛星放送やケーブルテレビで、こうした海外のニュース専門チャンネルを視聴できますが、日本のニュース番組とはかなり趣が違います。日本のニュース番組のように、殺人事件からグルメレポートまで、ありとあらゆるネタを報じているわけではありません。局ごとに、経済やマーケット中心、あるいは世界の政治ニュース中心、中東地域のホットな話題中心など、それぞれに専門性があります。

しかも、解説する内容も「大人向け」であり、日本のニュース番組のように「分かりやすさ」を追求しません。日本では「大人向け」といわれているテレビ朝日「報道ステーション」などに比べても、情報伝達量が桁違いです。

なぜそうなのか？　そもそもニュースを作る態勢が違います。

海外のニュース番組の総合司会は「アンカー」と呼ばれ、日本のニュース番組のキャスターとは比べものにならないほど大きな権限を持っています。この点について、日本のテレビ司会者の第一人者、みのもんた氏は、自身の著書のなかで次のように解説しています。

〈ニュースキャスターという言葉は英語です。News（ニュース）とbroadcast（放送する）の二つの語の合成語。そのままの意味です。米国のニュースショーのメインキャスターは

〝アンカーマン〟（最終走者）と称され、彼らは一言でいえば一個の報道チームのリーダー的存在です。アンカーマンには取材や番組の構成や編集に関する絶大な権限が与えられ、最終的に放送を許可するか否かの判断を下す決定権も持っています。

（中略）それに対し、日本でいう〝ニュースキャスター〟は、単に報道番組の司会者を指す場合がほとんど。取材や制作に関与するケースはまれだといえます〉

（みのもんた著『敗者の報道』TAC出版）

世界は多チャンネル化したゆえに

いま日本のニュース番組の総合司会をやっている人は、基本的に制作側が用意した原稿を読んだり、VTRにコメントしたりするだけです。周りを固めるコメンテーター陣も、必ずしもその問題の専門家ではありません。

ネット上にこれだけ多様な情報が溢《あふ》れているのに、日本のテレビは実質的には六局しかなく、多様化する視聴者のニーズに応え切れていません。

前述の通り、日本のテレビは、NHKと五つの系列に分かれた民放による寡占状態です。こういう競争がない環境は、横並びの報道姿勢を生み、ぬるま湯に浸かっているとしかいえません。しかしそこに安住し、古い番組作りを踏襲《とうしゅう》しているのが、まさに日本のテレビ局なのです。

しかも、その本質は「Q４」でも解説した通り、タダのヤギです。記者クラブで拾った元ネタが同じなので、報道内容にもまったく差がありません。

彼らは、「テレビ番組を作っている人は神のように賢いので、たった六局であらゆるニーズに応えられる」とでも思っているのでしょうか。テレビを見なくなった人がどんどん増えているのに、そう思っていたとしたら、相当おめでたいことです。

世界各国においては、視聴者の多様化するテレビへのニーズに対して、多局化や多チャンネル化で応えました。たとえばイギリスの場合、地上波のデジタル化に合わせて、Freeviewという無料地上デジタル放送が始まりました。二〇一五年八月時点で、全国一律六〇チャンネル以上が視聴可能です。フランスにおいても同様のサービスがあり、地上デジタルの無料放送が二四チャンネル、有料放送が八チャンネル利用可能です。

これに対してドイツは、一〇〇チャンネル以上の放送が可能なケーブルテレビと衛星放送の普及に活路を見出《みいだ》しました。現在、ドイツのケーブルテレビ加入率は四三・六％、衛星放送加入率は四六・八％で、地上波デジタルだけで放送を受信している世帯は圧倒的に少数派です。

アメリカの場合はもっと極端で、ケーブルテレビの加入率が約七割、衛星放送加入率が約三割です。地上波だけ見ている世帯はほとんどいないといってもいいでしょう。

ちなみに、アジア各国もドイツ型です。ケーブルテレビや衛星放送などの多チャンネル放送の普及率は、韓国と台湾で約八〇%、シンガポールで約七〇%、マレーシアですら約六〇%となっています。日本の多チャンネル放送の象徴といえば、「スカパー！」ですが、その普及率はたった二四%。日本だけが世界の趨勢から取り残されているようです。

こうした日本と海外のテレビ業界の構造の違いが、ニュース番組にも反映されています。世界のニュース報道は、多チャンネル化により、もっと専門的に、もっと多様化する傾向にあるのです。

これに対して日本では、NHKと民放の寡占状態が続いているため、どの局も万人ウケを狙った番組作りから抜け出すことすらできません。その結果、殺人事件からグルメ情報、あるいはスポーツや健康体操まで、何でもかんでも盛り込んで保険を掛ける番組作りが未だに好まれています。

だからこそ、ニュース番組に出演するコメンテーター陣には、いろいろな話題に無難なコメントをするための反射神経が求められます。分かりにくい専門知識を語る専門家は万人ウケしないので邪魔。むしろ、あまり知識のない芸能人などが、素人感覚で感情的なコメントをいってくれたほうがウケるのです。

また、仮に専門家であったとしても、法科大学院の教授が財政問題についていったい何を知っているというのでしょう？　法科大学院では経済学は教えませんし、法学博士は財政問題についてはまったくの素人《しろうと》です。それは憲法学者だろうが、社会学者だろうが、あるいはフランス帰りの哲学者であろうが、みんな同じです。

欧米の経済専門チャンネルにこうしたド素人は出演できません。当たり前です。二〇〇チャンネルのなかからわざわざそのチャンネルを選んで見ている人は、それなりに高いクォリティと情報量を期待しています。局側もそういう目の肥えた視聴者を前提としているため、宗教学者に財政問題をコメントさせるような意味の分からない演出はしません。

しかし日本では、中身よりも、テレビ的な受け答えが上手な、万人ウケするコメンテーターが好まれます。なにせ、ショーンKさんがニュース番組の司会に抜擢《ばってき》されるような国なのですから……本当に嘆かわしいことです。

この項で参考にした資料を、列記します。

・ＮＨＫデータブック「世界の放送２０１６」（ＮＨＫ放送文化研究所）
・野村総研ホームページ
・スカパーＪＳＡＴホールディングスアニュアルレポート　２０１４

Q6

格付会社のスタンダード・アンド・プアーズ（S&P）によると、日本国債の格付けは「シングルA＋」で、すでに中国や韓国よりも下です。これ以上格付けが下がると国債の買い手がいなくなって、日本は財政破綻《はたん》するのですか？

A6

いいえ、むしろ格付会社のレーティングを信用している人は誰もいません。けしからんことに、かつてある格付会社が発行されてもいない日本国債を格付けし、財務省から抗議され、謝罪したこともあります。

存在しない国債を格付けする会社

元財務官僚の髙橋洋一氏は次のように証言しています。

「私の国債課時代の経験でも、いい加減な事件があった。国債格付けは債券回号ごとに行われるのだが、資金調達不要になって休債したのに格付けされ、世界に配信されたのである。要するに格付け会社は何も見ないで格付けしているのだ。私が指摘してはじめてその醜態が明らかになった。

さすがに、そのときは米国の本社からお偉方がわざわざ日本まで謝罪に来た。ついでなので、国債の格付けをするときには予算書を読んでいるのかと質問したら、読んでいないという返事だった。それではきちんとした財務分析は行えるわけがない」

（出所：現代ビジネス「ニュースの深層」二〇一一年一月三一日）

また、私の師匠であるイェール大学名誉教授の浜田宏一氏は、二〇一六年三月二七日に出演したテレビ東京系の「モーニングサテライト」という番組で、

「リーマンショックを起こしたのは格付会社。日本のワインはAなのに泥水をAとする格付会社を信用したり、財務省のようにそれを利用しようとするのは歪《ゆが》んでいる」

と、厳しく格付会社を批判しました。

それだけではありません。二〇一五年九月にスタンダード・アンド・プアーズ（S&P）は日本国債の格付けを「A＋」に引き下げ、「AA－」の中国や韓国よりも下に位置付けました。ところが、この格下げに市場はまったく反応しませんでした。いや、正確にいえば反応はありました。金利が大幅に低下するという、格下げとは真逆の反応が起こったのです。

図表７　日本国債10年物金利推移

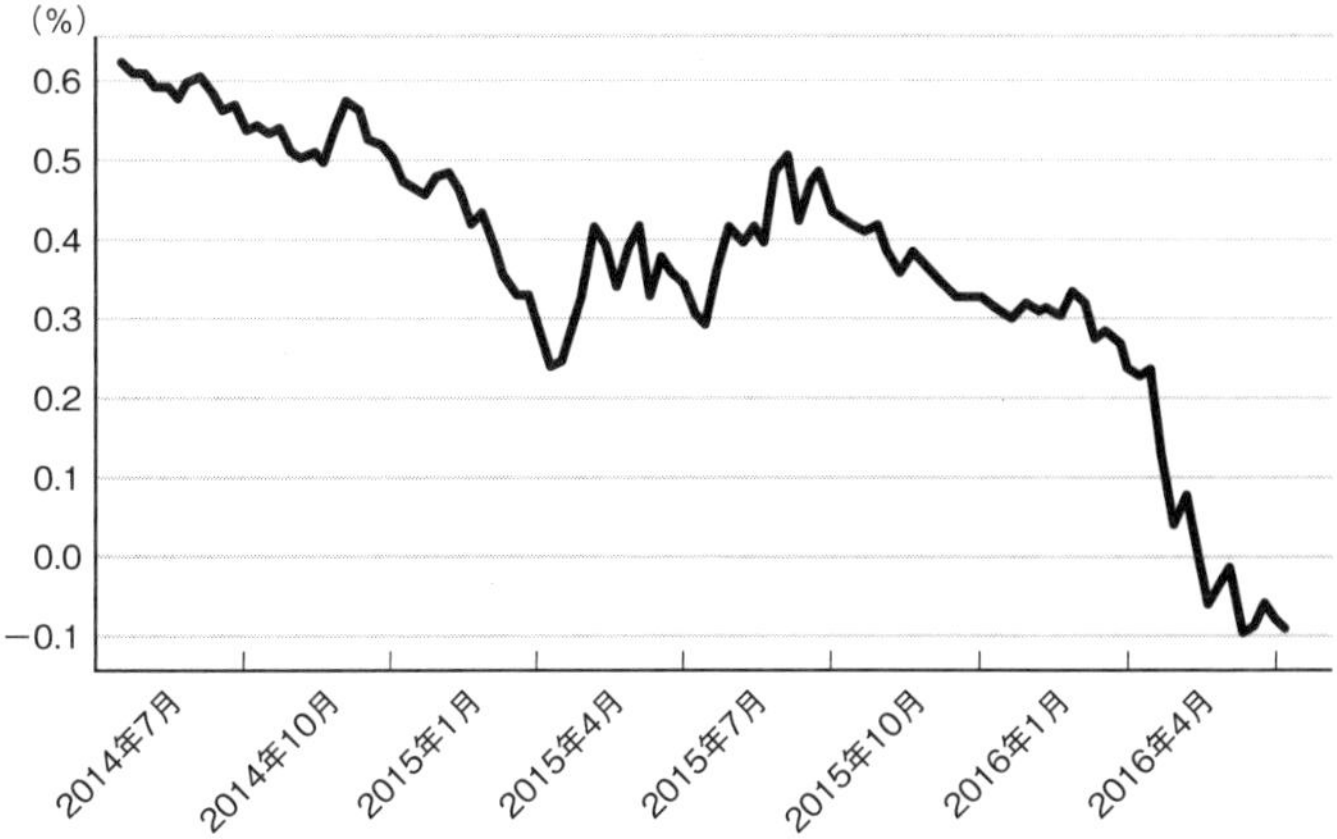

出所：SBI証券

格下げになっても市場は無反応

以下、チャートで示しました（図表７）。ちょうど格下げが決定した二〇一五年九月ごろから金利は大幅に低下し、その後、金利はマイナスになってしまいました。格付会社がそんなに信頼されているなら、日本国債は危ないということで、逆に金利が上がらないといけません。しかし、市場参加者は誰一人としてそんなことを信じませんでした。

また、リーマンショックが発生する前まで、S&Pやムーディーズなどの格付会社はサブプライム関連の仕組債に「AAA」などの高格付けを付けていました。しかし、アメリカの住宅価格の上昇ペースが落ちてくると、サブプライムローンの債務不履行（デフォルト）が急増しました。

が、格付会社の説明によれば、サブプライム関連の仕組債は適切なリスク分散がなされており安全だということでした。ところがデフォルトがある一定の閾値《いきち》を超え、問題が表面化してくると、格付会社は突然手のひらを返し、サブプライム関連仕組債の格付けを一斉に落としました。二〇〇七年の秋ごろのことです。

格付会社はゴールドマンサックスなどの大手金融機関から手数料をもらって、サブプライム関連仕組債に格付けをしていました。持ち込まれる商品は極めて複雑な構造になっていて、実のところ格付会社には、リスクを算定する能力はなかったといわれています。ところが、多額の格付け手数料に目がくらんだのか、いとも簡単に高い格付けを出してしまいました。そして、問題が起きたら無責任な格下げを実施したわけです。

大手の金融機関と癒着し、甘い格付けをして儲けていた、そう疑われても仕方のない行為でした。

自分の都合で反論する財務省

サブプライム問題が発覚する五年前に、格付会社のいい加減な審査に猛然と抗議した国がありました。それは日本です。財務省が発したその抗議内容は、次のようなものでした。

〈外国格付け会社宛意見書要旨

一．貴社による日本国債の格付けについては、当方としては日本経済の強固なファンダメンタルズを考えると既に低過ぎ、更なる格下げは根拠を欠くと考えている。貴社の格付け判定は、従来より定性的な説明が大宗である一方、客観的な基準を欠き、これは、格付けの信頼性にも関わる大きな問題と考えている。

従って、以下の諸点に関し、貴社の考え方を具体的・定量的に明らかにされたい。

（一）日・米など先進国の自国通貨建て国債のデフォルトは考えられない。デフォルトとして如何なる事態を想定しているのか。

（二）格付けは財政状態のみならず、広い経済全体の文脈、特に経済のファンダメンタルズを考慮し、総合的に判断されるべきである。

例えば、以下の要素をどのように評価しているのか。

・マクロ的に見れば、日本は世界最大の貯蓄超過国

・その結果、国債はほとんど国内で極めて低金利で安定的に消化されている

・日本は世界最大の経常黒字国、債権国であり、外貨準備も世界最高

（三）各国間の格付けの整合性に疑問。次のような例はどのように説明されるのか。

・一人当たりのGDPが日本の一／三でかつ大きな経常赤字国でも、日本より格付けが高い国がある。
・一九七六年のポンド危機とIMF借入れの僅か二年後（一九七八年）に発行された英国の外債や双子の赤字の持続性が疑問視された一九八〇年代半ばの米国債はAAA格を維持した。
・日本国債がシングルAに格下げされれば、日本より経済のファンダメンタルズではるかに格差のある新興市場国と同格付けとなる。
二．以上の疑問の提示は、日本政府が改革について真剣ではないということでは全くない。政府は実際、財政構造改革をはじめとする各般の構造改革を真摯に遂行している。同時に、格付けについて、市場はより客観性・透明性の高い方法論や基準を必要としている〉

「素晴らしい！　よくいった！」と思わず拍手したくなるような正論です。

ところが、いつの頃からか、財務省は日本の格付け低下を利用して、増税の世論を盛り上げる方向に舵《かじ》を切ってしまいました。最近では格付会社だけでは飽き足らず、出資比率二位のIMFを使って、二人羽織《ににんばおり》で「ゾーゼー！　ゾーゼー！」とまくし立てています。

つい最近にもこんなことがありました。

〈日本は予定通り増税を　ＩＭＦ報告書

国際通貨基金（ＩＭＦ）は一三日公表した各国財政の分析報告書で、日本に対して「財政健全化計画の履行を確約することで短期的な政策余地を生む」として、予定通り二〇一七年四月の消費税増税に踏み切るよう求めた。一方で世界的には経済成長の鈍化が長引く懸念を指摘し、機動的な財政支出を促した〉（「日本経済新聞」電子版二〇一六年四月一三日付）

日本はＩＭＦへの第二位の出資国であり、四つの副専務理事のポストのうち一つが、財務省財務官を退職した人の天下りポストになっています。財務省は、使えるネタは何でも使って、日本国民が「増税しなければならない」と思い込むように誘導しています。

格付会社のいい加減な格付けは変わっていないのに、それに対する抗議文が二〇〇二年以降一度も送られていないという事実も、何となく符丁が合っているように思えませんか？

しかし、いくら財務省がネガティブキャンペーンをしようと、日本国債の信頼は極めて高く、ついに金利はマイナスになってしまいました。プロパガンダで市場をコントロールすることはできないという好例だと思います。

Q7 円安が進むということは、日本が国として信頼されていない、ということですか?

A7 いいえ、為替レートは各国の中長期的な金融政策のスタンスによってほぼ説明可能です。

リーマンショック後の円高の背景

世の中には未だに「円高は日本が信頼されている証《あかし》」と考えている人がいます。海外旅行などで買い物をするときに、一ドル一〇〇円よりも一ドル七〇円のほうがより多くのモノが買えるため、円高のほうが良いように思えてしまう人も多いでしょう。自国で印刷する紙切れ(日本円)を外国人がありがたがってたくさんのモノと交換してくれるなら、それはそれでいいことのようにも思えます。

ただ、永久に円高が続くなら、日本人は働くことをやめて紙の印刷(貨幣の発行)に専念し、それをエネルギーや食料に交換して生きていけるのでしょうか?

円高によって、日本円が世界最強の通貨になることで、日本が世界の覇権を握ることができるでしょうか？

もちろん、そんなことは無理です。究極に円高が進めば、日本の輸出産業が壊滅的な打撃を受けるばかりか、国内産業も海外からの安い商品との競争に負けてボロボロになります。そして工場は海外に逃げて雇用は失われ、日本経済はまさに生き地獄の様相を呈するでしょう。それはまるで、民主党政権時代の、あの悲惨な三年三ヵ月が永久に続くことを意味します。

あのとき一ドル七〇円台まで円高が進みましたが、日本経済に何か良いことはあったでしょうか？　失業率は五％台後半、雇用は三〇万人分も失われ、多くの人が経済苦で自殺したことは記憶に新しいところです。

どんなモノでも、需要に対して供給が不足すれば、品薄になって値段が上がります。これは各国の通貨および為替レートについても成り立ちます。

ある国の通貨の量が他の国の通貨に対して不足すれば、不足した通貨は値上がりします。よって、もし円高を起こそうと思ったら、日銀が金融引き締めを行って円の発行量を減らせばいい、ということになります。

リーマンショック以降、急激に円高が進んだ理由は、日銀がお金を刷る量やスピードが遅く、反対に外国の中央銀行は猛烈な勢いでお金を刷ったということです。そのことを端的に示すグラフがあります（次ページ図表8）。

図表8　日米英欧の中央銀行バランスシートの推移

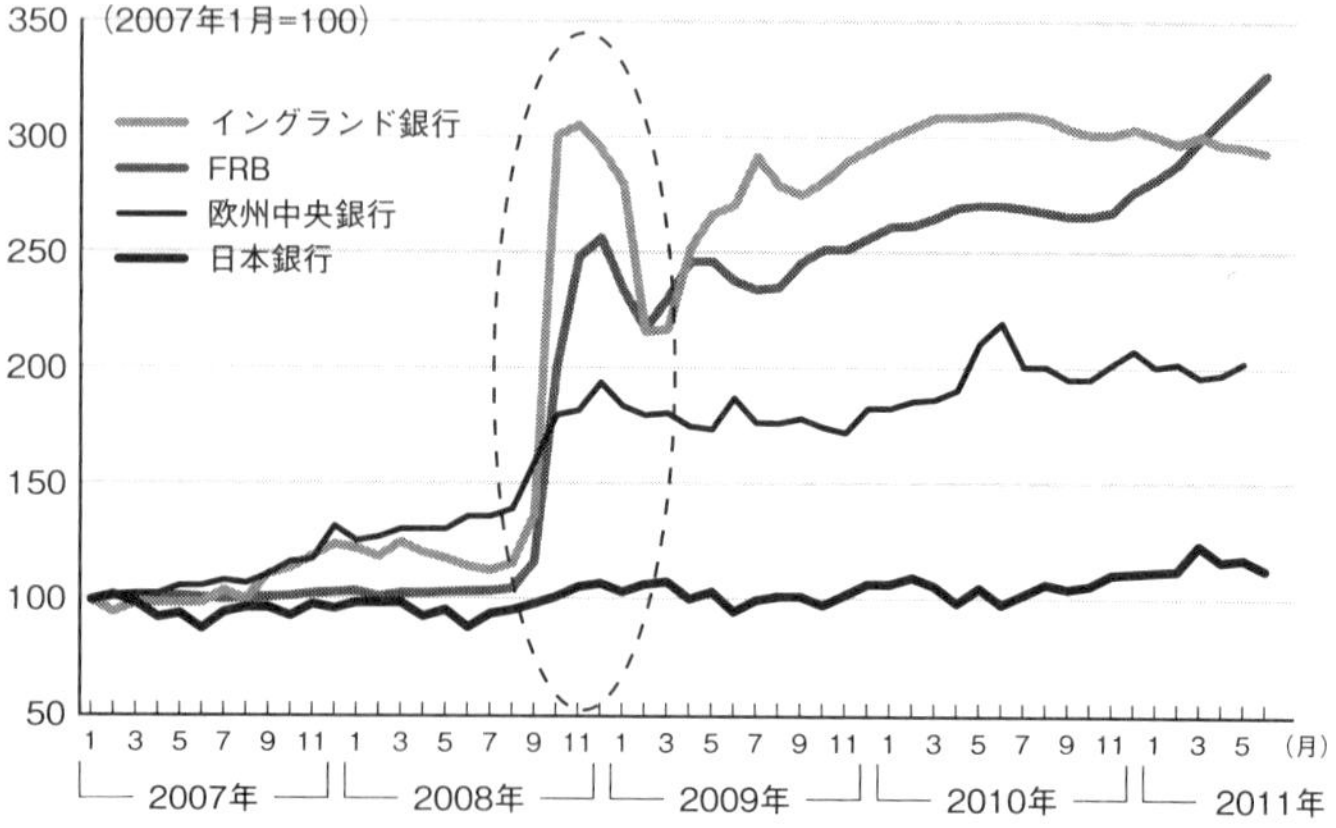

このグラフは中央銀行のバランスシートにある資産残高の推移を主要国で比較したものです。ご覧いただければわかる通り、日本だけが唯一通貨量を増やさず、他の主要国は大幅に通貨量を増やしています。

これこそがあの超円高が発生した理由です。ある日突然、日本が世界から信頼されるようになって急に円高になったのではありません。単に、日銀が他国の中央銀行に「刷り負けた」から、円高になったのです。

刷り負け続ける日銀

各国の中央銀行は望ましいインフレ率を実現するために金融政策を行います。為替レートとは、各国中央銀行が行った金融政策の結果に過ぎません。このことを極めて単純なモデルで説明しておきましょう。

単純な貨幣数量理論に従い、日本の貨幣量をアメリカの貨幣量で割ったものが為替レートだと仮定します。ある年の日本の貨幣量が一〇〇兆円、アメリカの貨幣量が一兆ドルだとすると、一ドル一〇〇円という為替レートが成立します。

次に、両国の物価上昇率について考えます。日本の物価上昇率が〇%、アメリカの物価上昇率が一〇%だったとするとどうなるでしょう。日銀はお金を一円も刷らず、アメリカの中央銀行といえる連邦準備制度理事会（ＦＲＢ）は、お金の量が一・一兆ドルになるように刷った、ということになります。

次の比較をご覧ください。

■日本の貨幣量　　一〇〇兆円↓（物価上昇率〇%）↓一〇〇兆円
■アメリカの貨幣量　一兆ドル↓（物価上昇率一〇%）↓一・一兆ドル
■為替レート　　　一〇〇円＝一ドル↓九〇・九円＝一ドル

ドル円レートは一ドル九〇・九円となり、日米の物価上昇率の差分である一〇%程度ドルが安くなり、逆に円が高くなったということが確認できます。

もちろん、短期的な為替レートはこれほど単純には決まりませんし、為替相場の値動きは、その日の様々なニュースなどいわゆる相場の「材料」に左右されやすいのは事実です。そして、その「材料」を日銀がコントロールできないということも認めましょう。

しかし、短期的な細かい値動きではなく、向こう一年以上といった中長期的な為替レートの方向性について考えてみると、短期の相場を動かす材料はあまり重要ではなくなってしまいます。もっと長期的で大きな方向性は、各国中央銀行の金融政策のスタンスで決まるのです。

ざっくりいうと、金融引き締めをする国の通貨は上がり、金融緩和をする国の通貨は下がる。仮に、両方の国が金融緩和をしている場合は、より緩和的なスタンスが強い国の通貨が下がり、弱い国の通貨は上がります。通貨を刷るスピードで負ければ、金融緩和をしていたとしても、相対的に通貨量が不足するからです。

別の言い方をすれば、中長期的な為替レートは、各国の「実質金利」の差によってほぼ説明可能です。実質金利は次のような単純な式によって求められます。

■実質金利＝名目金利－予想物価上昇率

円高になる理由は、日本の「実質金利」が他国に比べて高いからです。では、なぜ日本の実質金利が高いかというと、予想物価上昇率が低いから。たとえばデフレ予想が定着している状況では、予想物価上昇率はマイナスの値になります。

日本の名目金利はゼロ金利に近い水準にあるのは事実ですが、積極的な金融緩和を行っている欧米諸国も現在はゼロ金利状態にあり、名目金利にはほとんど差がありません。そのため同じ金融緩和でも、その中身によって自国通貨の高低が決まります。

二〇一六年は世界同時株安によって波乱の幕開けとなりました。アメリカは当初予定されていた年四回の利上げを早々に放棄し、三月の利上げは見送られました。FRBのジャネット・イエレン議長の議会証言も、「世界経済のリスクを注視し、利上げは慎重に進める」という内容に大幅に変更されました。

またイギリスのEU脱退をめぐる混乱の前から、欧州中央銀行は大規模な追加緩和に踏み切り、市場に潤沢な資金を供給しています。

これに対して、わが日本銀行は二〇一四年に追加緩和を実施して以来、ほとんど何もしていません。正確にいうと二〇一五年一二月に補完措置と呼ばれる微調整を行い、二〇一六年一月にマイナス金利を導入しました。

しかし、いずれの措置も量的な緩和のインパクトに比べれば明らかに小粒です。これでは欧米諸国に「刷り負け」してしまいます。

実際に、二〇一六年に入ってから一ドル一二〇円台の円安は終焉《しゅうえん》し、一ドル一〇〇円台の円高が進みました。日本が「刷り負け」たという判定が市場から下されたのです。為替市場はそれだけシビアな世界であり、「信頼」などというふわふわしたものだけで説明できるほど単純ではないということを覚えておきましょう。

日々の為替レートの変動について、マスコミは適当な理由を付けて説明していますが、これもまったくアテになりません。

たとえば、消費税増税をめぐって、「増税しなければ日本の財政に対する国際的な信認が地に落ちる」などと報道していたマスコミは、イギリスのＥＵ脱退決定の際には、「比較的安全資産とされる円が買われ……」などと、まるで正反対の解説をしていました。

きっと、マスコミの人はつい数日前に自分たちが何をいっていたかも覚えていないのでしょう。こういう人たちに騙《だま》されてはいけません。

Q8 少子高齢化が進む日本は、もうこれ以上、経済成長できないのでしょうか？

A8 いいえ、できます。いや、すでに明確に成長しています。

人口減少を口実にしたエリート

子どもが労働力として役に立つ場合、親が子どもをたくさん作って金儲けをするインセンティブが働きます。日本もかつて経済がそのステージにあった頃、五人、一〇人の兄弟だって珍しくない時期がありました。ちょうど明治から大正にかけて、私の祖母や祖父が子どもの頃が、まさにその時期でした。私の祖母は七人兄弟、祖父は三人兄弟でしたが、いずれも人口を維持するための合計特殊出生率「二・一」を軽く上回っています。

しかし国の経済が発展し、より付加価値の高いモノを生産するようになると、教育を受けていない人は使い物になりません。より高い賃金を求め、コストをかけて子どもを教育する必要が出てきます。

こうなると、たくさん産めばすべてがカネになるという状況が終わります。祖父の世代とは異なり、私は二人兄弟ですし、従兄弟《いとこ》も全員二人兄弟。一九六〇年代から一九七〇年代生まれの人ですら、すでに合計特殊出生率「二・一」を下回っていることが多いのです。

実は、この傾向は日本に限ったことではありません。世界各国においても、産業が発達して高度経済成長を迎えると、人口爆発は終了し、その後は少子化傾向が強まります。豊かになると少子化が進むというのは、統計的にも有意な現象なのです。

図表9が示す通り、豊かさの指標である一人当たりのGDPが増えれば増えるほど、合計特殊出生率は低下しています。人口を維持するために必要な合計特殊出生率は「二・一」ですが、いわゆる先進国のみならず、ハンガリー、中国、タイといった中進国ですら、「二・一」を下回っているのが現状です。

合計特殊出生率が「二・一」を下回っている国の人口動態は、少子高齢化傾向です。もし、少子高齢化で経済成長できないとすると、世界中の国々がもはや経済成長できないという恐ろしい事態になってしまうのです。戦前、マルクス主義者たちが主張していた「資本主義の限界」なるものがついに来てしまうのでしょうか？

もちろん、そんなものは来ません。「経済ハルマゲドン」の一種なので、まともに取り合う必要もありません。そもそもマルクス主義者たちは、戦前、人口爆発によって資本主義は

図表9　合計特殊出生率と1人当たりGDP（国内総生産）

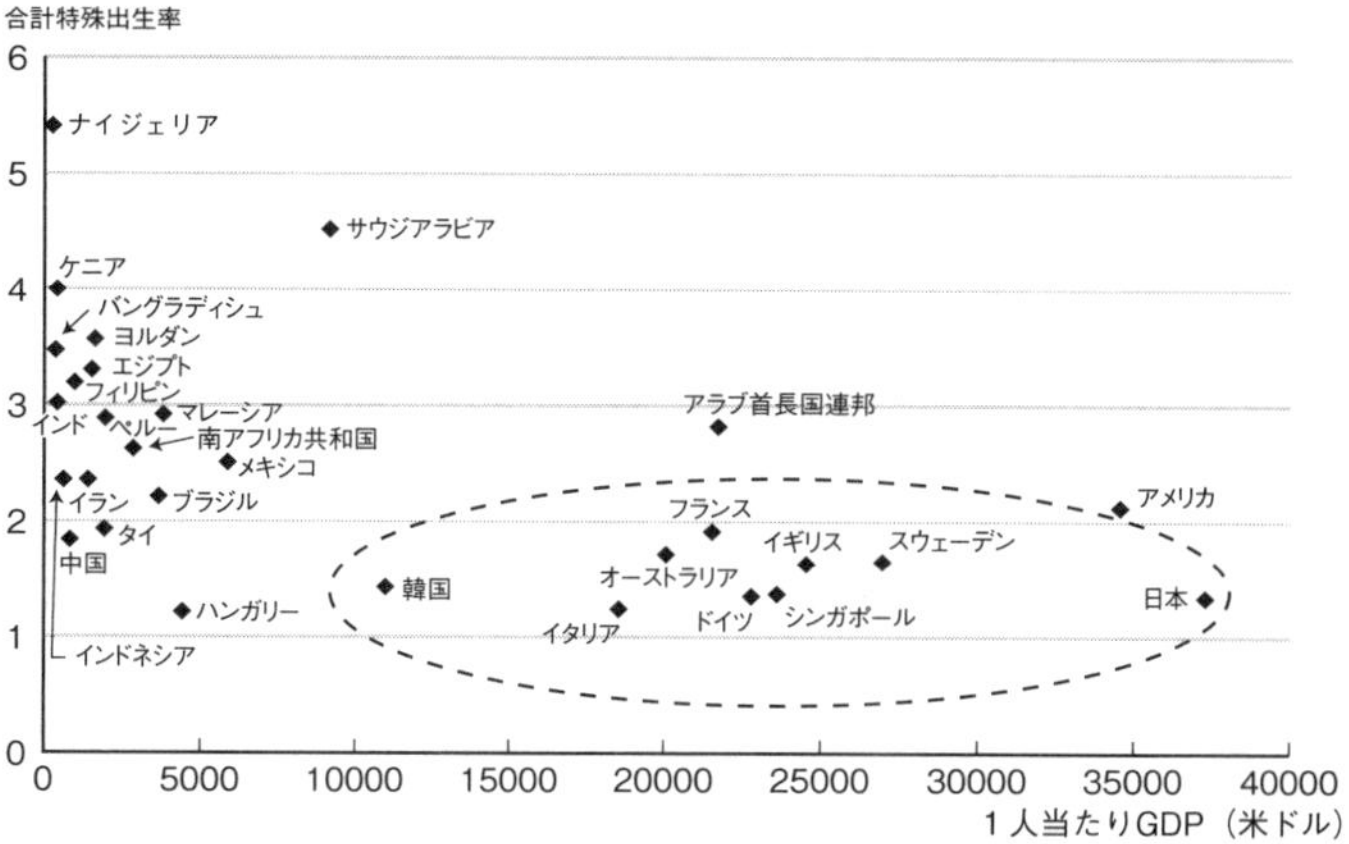

出所：国連人口基金「世界人口白書2004」、OECD「National Accounts of OECD Countries Main Aggregates Volume1 2005」、IMF「World Economic Outlook Databases 2003」より作成

限界を迎えるといっていたのですから、笑《しょう》止千万《しせんばん》です。

人口減少は人口爆発の正反対の事象なのに、なぜか資本主義の限界という結論だけは同じ。きっと彼らは最初から「資本主義の限界」といいたくて、適当な理由を探しているだけなのでしょう。

日本で少子化が問題視されるようになったのは、バブル崩壊以降の経済的な停滞が明らかになった二〇〇〇年代です。そして、いままでと同じことをやっているのに、なぜかうまくいかないとき、人々は納得いく理由を求めます。

もちろん、この長期経済停滞の原因はデフレ。また、このデフレを発生させた原因は、政府と日銀による政策の失敗。しかし偏差値の高い大学を出た政策担当者たちは、自分たちの失敗を認めることができませんでした。
日本のエリートは仲間を庇《かば》い、常に責任を曖昧《あいまい》にします。それが、組織を守ることだと頑《かたく》なに信じているからです。そこで思いついたのが「人口減少」。これなら誰の責任でもないし、誰も傷つかない。景気が低迷しているのも、デフレが発生したのも、地方経済が疲弊しているのも、政府の財政状態が悪化しているのも、全部少子高齢化のせい……。「少子高齢化」という魔法の言葉で、誰も責任を取らなくて済むじゃないか、素晴らしい！

少子高齢化した世界の国の成長率

しかし、少子高齢化が進んだからといって、必ずしも経済が停滞するわけではありません。一人当たりのＧＤＰの平均成長率と人口増加率の関係について、ＯＥＣＤのデータを使って調べてみましょう。

一九九六年から二〇一三年まで、当時のＯＥＣＤ加盟三四ヵ国について、一人当たりのＧＤＰの平均成長率と人口の平均増加率の相関を調べてみました。図表10をご覧ください。

計算の結果、相関係数は〇・三八でした。決定係数（R^2）は〇・一四六二四で、グラフのなかの式は二つの数値の間の関係をたった一四・六二％しか説明していません（相関係数はR^2の平方根です）。つまり、人口増加率と一人当たりのＧＤＰ成長率の間には、特に関係が

図表10 GDPの平均成長率と人口の平均増加率の相関

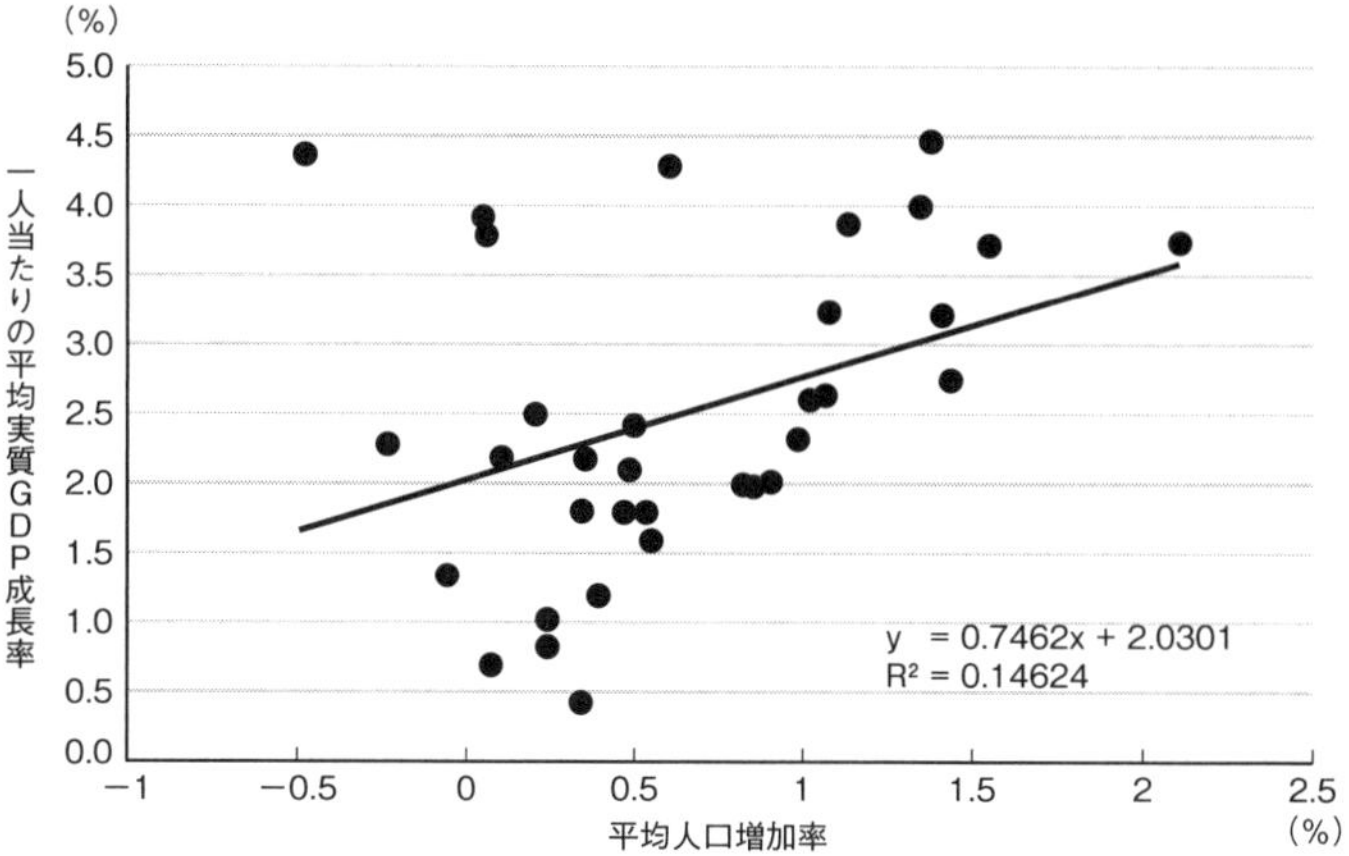

出所：OECD ※筆者によるグラフ化

なかったということです。

たとえば、エストニアの人口は平均で〇・四八％減っていますが、一人当たりの実質経済成長率は四・三八％です。これでは、より深刻な少子化を抱えている国ほど豊かになるということになってしまいます。もちろん、実際にはたまたまエストニアがそういう国だったというだけのことですが。

では、次に少子高齢化でデフレが起こせるのか考えてみましょう。デフレが発生すると、物価上昇率がマイナスになることによって、名目GDP成長率が実質GDP成長率を下回る「名実逆転」という現象が起こります。この性質を利用して、人口増加率と名目GDP成長率の相関関係について調べてみましょう。

図表11　出生率と名目GDP成長率の関係

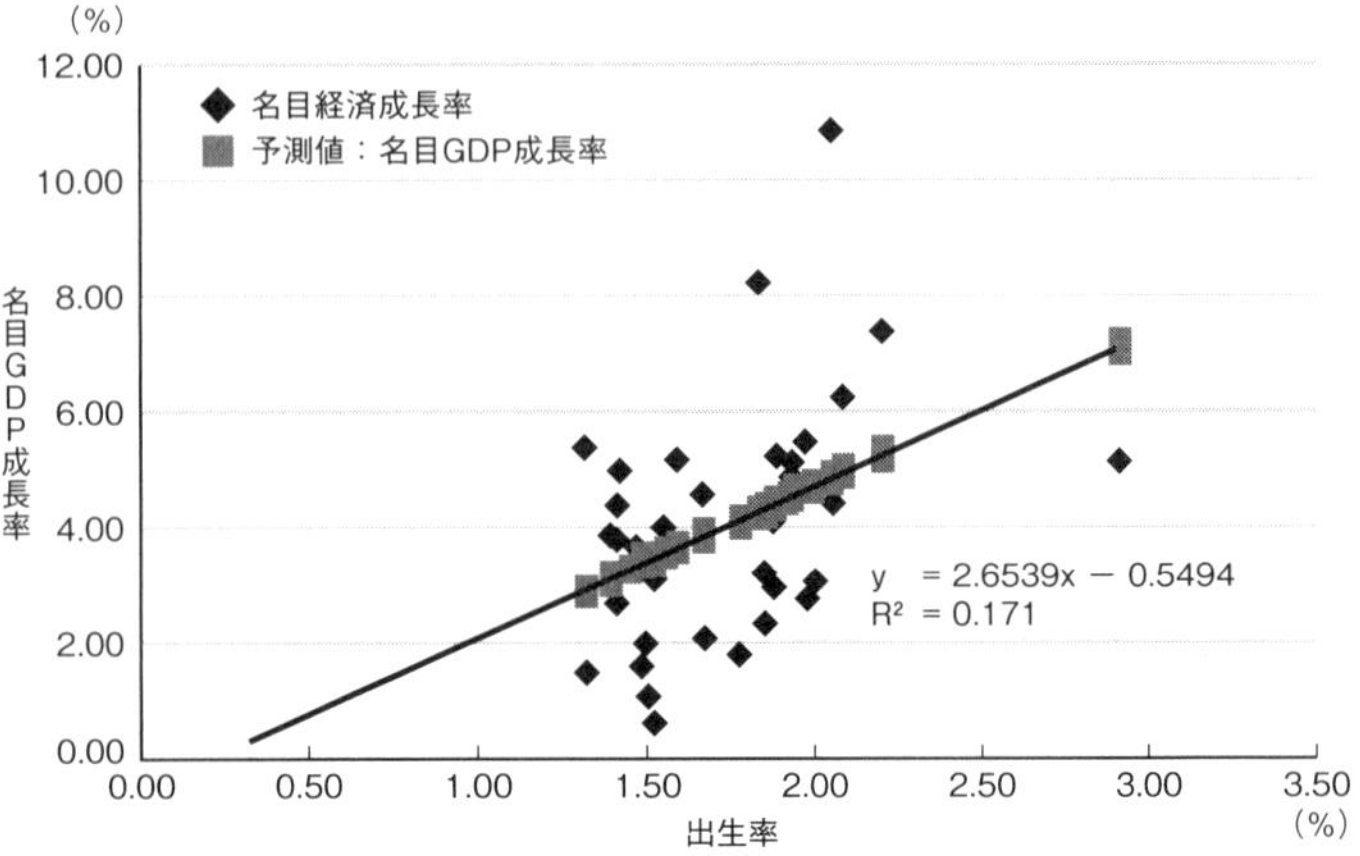

出所：OECD　※筆者によるグラフ化

人口が減れば減るほど名目GDP成長率が減るという関係が確認できるでしょうか？最新のデータを使って、OECD加盟国の状況を回帰分析してみました。図表11をご覧ください。

出生率と名目成長率の関係を表すグラフは右肩上がりですが、決定係数（R^2）が〇・一七一しかありません。つまり、この式は二つの数字の関係の一七・一％しか説明していないということです。別途相関係数を計算してみましたが、〇・四一しかありませんでした。仮にあったとしても弱い相関しかない、ということです。

そして、比較のために物価上昇率と名目成長率の相関係数を求めてみたところ（図表12）、〇・七七になりました。人口増加率よ

図表12　物価上昇率と名目GDP成長率の関係

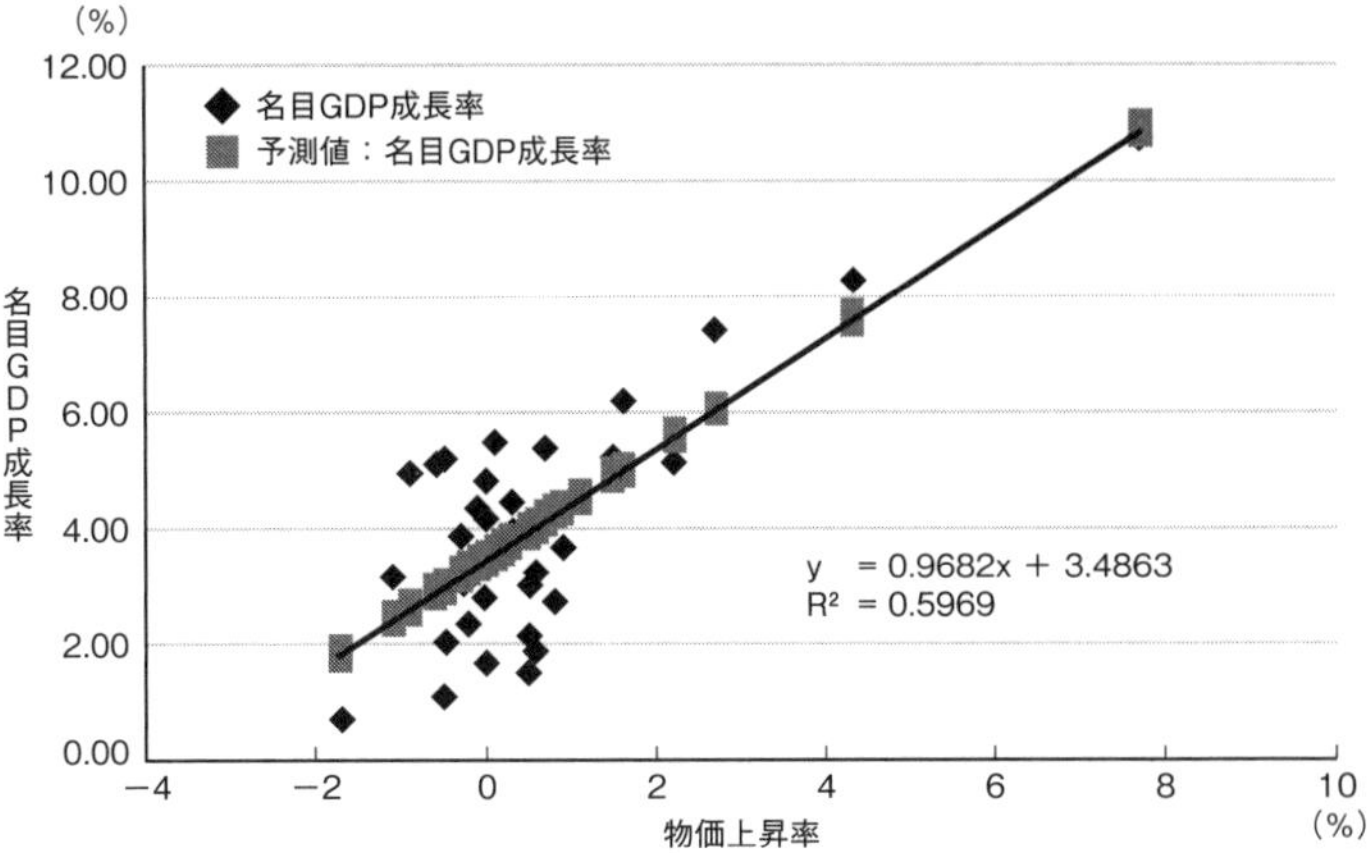

出所：OECD　※筆者によるグラフ化

りも、よほど強い相関です。

名目成長率と物価上昇率の決定係数（R^2）は〇・五九六九あり、この右肩上がりのグラフが二つの数字の関係の五九・六九％を説明しています。少なくとも、出生率よりも物価上昇率のほうが名目GDP成長率との関係がずっと深いことが分かります。

ちなみに、少子高齢化の進むOECD加盟国ですが、ほぼ半数の一六ヵ国が四％の名目成長率を達成しています。主なランキングは以下の通りです（次ページ図表13）。

実際にデータを見ていくと、少子高齢化が、経済成長など、私たちの感じる豊かさに与える影響は極めて限定的であるということが分かるのではないでしょうか。

図表13 OECD加盟国の名目GDP成長率（2015年）

順位	国名	名目GDP成長率（%）
1位	トルコ	10.85
2位	チリ	8.29
3位	メキシコ	7.41
4位	アイスランド	6.23
5位	アメリカ	5.50
6位	韓国	5.39
7位	オーストラリア	5.26
8位	エストニア	5.20
9位	ノルウェー	5.15
10位	イスラエル	5.12
	⋮	
22位	スイス	3.17
23位	アイルランド	3.06
24位	デンマーク	2.99
25位	フランス	2.80
26位	日本	2.72
	⋮	
34位	ギリシャ	0.66

Q9 日本で一〇年以上続いてきたデフレも、やはり人口減少の結果なのでしょうか？

A9 いいえ、違います。人口増加率と物価上昇率の間には何の関係もありません。

人口減少で起こるのはインフレ

二〇〇〇年以降いわゆる「人口減少デフレ説」なるものが登場しました。その内容は、「人口減少でデフレが起こった。少子高齢化は止められないので、日本の経済成長も不可能だ」というものです。経済学的にはまったく根拠がないばかりか、過去の人口増加と物価上昇率とを観察しても、そういう結論は出ません。

日本の人口は少子高齢化によって減少傾向に歯止めがかかっていません。しかし、日銀総裁・黒田東彦《くろだはるひこ》氏の、いわゆる「黒田バズーカ」によって通貨供給量が増加し、物価は上昇に転じました。目の前で起こっていることを見れば、人口減少がデフレの原因であるわけがないなど、すぐに分かりそうなものです。

図表14　1991年から2014年までの人口増加率と物価上昇率

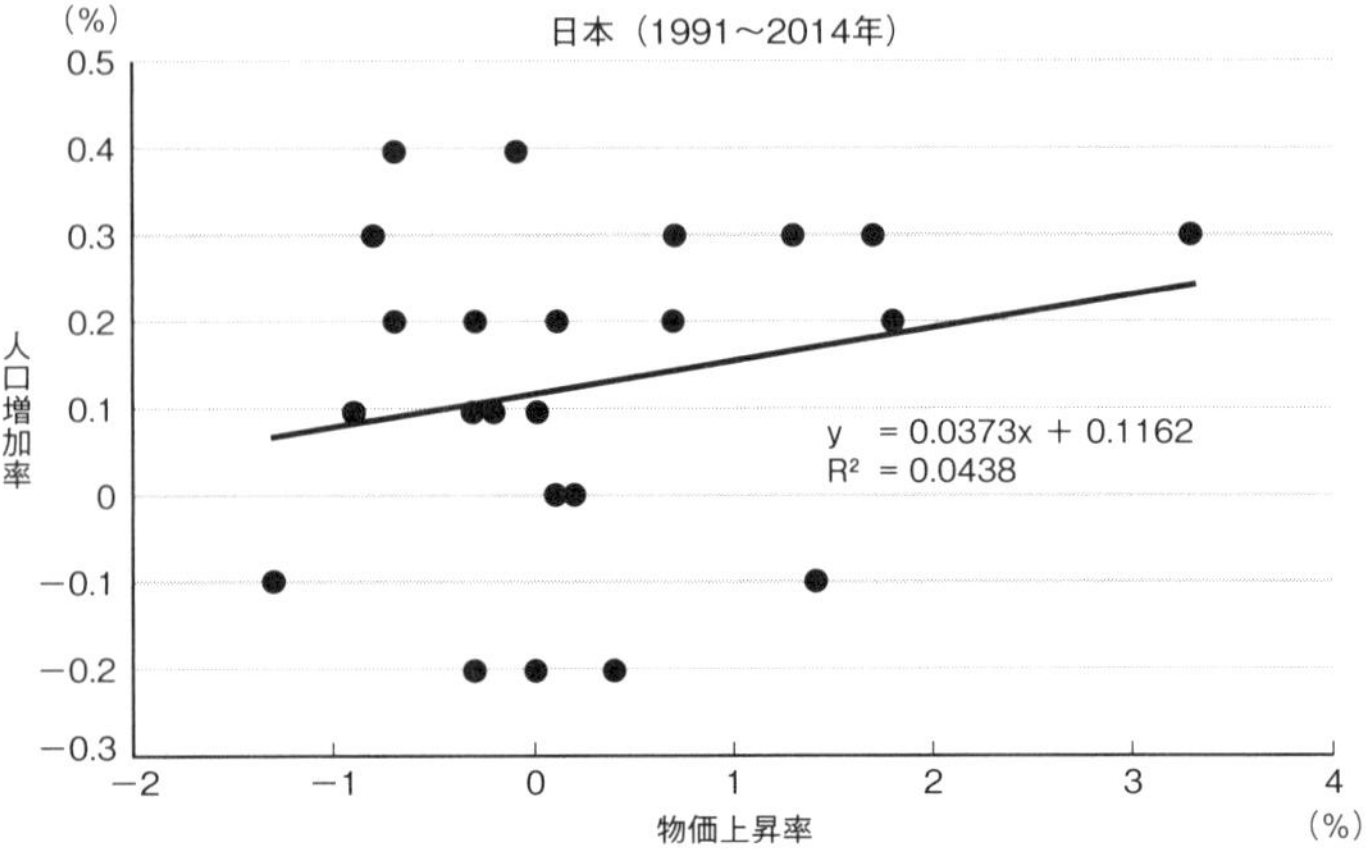

出所：OECD　※筆者によるグラフ化

そこで、まずは事実を確認しておきましょう。土地バブルのピークだった一九九一年から二〇一四年までの人口増加率と物価上昇率（GDPデフレーター）を散布図にプロットしてみました。図表14をご覧ください。

近似《きんじ》曲線を引いてみると一見右肩上がりの正の相関があるように見えます。しかし、よく見てください。決定係数（R^2）は〇・〇四三八しかありません。二つの数値の間の相関係数は〇・二。ほぼ相関はないといって差し支えない水準です。

これは日本のみならず、外国で見ても同じ。たとえば、東欧諸国は人口が減少している国が多いのですが、物価上昇率はプラスで、デフレにはなっていません。つまり過去のデータは、人口と物価上昇率の間にまったく関係がないことを示しているのです。

では、次に理論で考えてみましょう。簡単な思考実験をします。

①ある国の人口は一万人、民間の総資産一億円（一人当たり平均一万円の資産）
②ある日、突然戦争が起こって、この国の人口が半減
③亡くなった人の遺産は生き残った人がすべて相続
④相続によって一人当たりの資産は平均二万円に倍増
⑤財布の中身が二倍になったので、人々は街で買い物
⑥ところが、街では商品が品薄
⑦なぜなら、人口が半分になったためモノを生産する能力も半減
↓さて、この状態で発生するのは、インフレかデフレか？

人口が半分になるような極端な人口減少が起こった場合、相続の発生によって一人当たりのお財布の中身は二倍になります。これに対して労働者の人口は半減するため、生産力は半減します。その結果、何が発生するかといえば、「カネ余り」と「モノ不足」です。

こういうときに起こるのはインフレです。モノが不足するのですから、モノの値段が上が

る——極めてシンプルな結論です。なぜ、こんな簡単なことが分からないのでしょうか？

『デフレの正体』のトンデモ度

人口減少デフレ論が日本で広まった理由は、ある本が売れてしまったことにあります。その本は藻谷浩介《もたにこうすけ》氏が書いた『デフレの正体』（角川書店）という本です。

この本の中身には極めて問題があり、経済学的に根拠のある話はほとんど書いてありません。にもかかわらず、そんな本が売れてしまい、筆者である藻谷氏はテレビに出演したりして、有名人になってしまいました。

ところが藻谷氏は、この本が出版された直後、なぜか自説を撤回してしまいました。いや、本人にはその感覚がなかったかもしれません。ＰＨＰ研究所の雑誌「Voice」二〇一〇年一二月号に掲載された藻谷氏の論説文には、次のようなことが書かれています。

〈拙論を、「人口減少がデフレの原因であるとのトンデモ説」「日本と同じく生産年齢人口が減っているロシアや東欧ではデフレは起きていない」とする批判もある。しかし筆者は、「いま起きているのはマクロ経済学上のデフレではなくて、ミクロ経済学上の現象、すなわちクルマや家電、住宅など、主として現役世代にしか消費されない商品の、生産年齢人口＝

消費者の頭数の減少に伴う値崩れだ」と指摘しているのだから、これらはまったく的外れだ〉

そもそも、デフレは英語のDeflationの訳語で、「物価の継続的な下落」を意味するマクロ経済学の用語です。物価とは世に出回るあらゆる商品を加重平均して決まります。これに対して藻谷氏が問題視しているのは、「クルマや家電、住宅などの値崩れ」だけです。

藻谷氏は個別の商品の「価格」の下落について書いただけで、モノ全体の値段の動きを示す「物価」について語ってはいないと強調しているわけです。

自分で何をいっているか分かっているのでしょうか？　『デフレの正体』にはデフレの話が一切書いてないということ……有り体《あてい》にいえば、これはある種のタイトル詐欺《さぎ》であることを、あっさりと認めてしまったのです。これは痛恨のミスでした。

この本が大ベストセラーになったことでテレビ討論などに出演する機会が増えた藻谷氏は、共演者からデフレの定義の間違いや、日本以外の人口減少国はすべてインフレであることなど厳しく追及されました。しかし、藻谷氏は何度論破されても、自説を曲げずに間違った主張を繰り返しました。しかも、ＮＨＫが藻谷氏のシンパとなって、「人口減少デフレ説」を日本中に拡散したのです。

その結果、「人口が減ったのでデフレになった」という珍説を唱える人が増えてしまいました。自分の頭で考えずに、ＮＨＫのいうことを鵜呑《うの》みにしてしまったからです。

ちなみに藻谷氏は、もともと政策金融を担当する政府系金融機関の職員でした。そういう準公務員的な立場にある人間が「クルマや家電、住宅」など個別の価格の維持を主張することに問題はないのでしょうか？

個別の商品価格を意図的に上げるというのは、ある種の価格統制です。この発想を究極に進めれば、旧ソ連の計画経済を肯定することになります。

物価が全体的に上昇する環境ができれば、あとは市場競争です。魅力的な商品の価格は平均以上に上昇し、そうでない商品の価格は平均以下にしか上昇しません。どの商品が魅力的なのか決めるのは、それを購買する消費者（市場、国民）です。「クルマや家電、住宅」などが値上がりするなどと、必ず決まっているわけありません。政府や、まして政府系金融機関が、特定の商品を贔屓《ひいき》して価格を吊り上げるなど、もってのほかです。

「優秀な官僚が市場の価格決定メカニズムよりも効率的な価格形成ができる」などということはありえません。絶対に不可能です。

事実、ソ連など社会主義経済は滅びました。歴史を忘れ、ＮＨＫの番組を鵜呑みにすると、ろくでもないトンデモ論に引っかかってしまいます。皆さんお気を付けください。

第二章　日本国の財政の嘘

Q 10
日本の経常収支の赤字が続くと、財政は破綻するのですか？

A 10
いいえ、むしろ需要が旺盛で、国内の供給力だけでは賄《まかな》いきれない、という状態です。

貿易赤字と黒字はまったく無意味

「経常収支」というのは「貿易・サービス収支」と「所得収支」を合わせたものです。分かりやすくいえば、海外にモノを売った代金から買った代金を引いて、投資のリターンを足したものです。

■「経常収支」＝「貿易・サービス収支」＋「所得収支」

一方、「資本収支」とは、その国への資金の流出入を表す収支で、資金が流入するときは黒字、流出するときは赤字になります。よって外国から借金をすれば、海外から資金が流入することになるので、「資本収支」は黒字になります。逆に、日本から外国に投資する場合は、資金が海外に流出することになるので、「資本収支」は赤字になります。

それからもう一つ大事なことがあります。「経常収支」が黒字なら「資本収支」は赤字、反対に、「経常収支」が赤字なら「資本収支」は黒字、という関係が必ず成り立ちます（正確にいうと、「経常収支」に外貨準備高の増減を加えて、誤差や漏れを除くと一致するが、ここでは大雑把《おおざっぱ》な理解で問題ありません）。

また「対外純資産」とは、外国に貸したり投資したりした金額から、自国が借りたり投資されたりした金額を差し引いたものです。外国に貸しているお金より借りているお金が多ければ赤字、その反対は黒字です。

世の中には、国家と国家の間で経済をめぐって激しい戦争をしているという妄想がありま す。新聞記事などでは、貿易赤字は「転落」するものであり、貿易黒字は「獲得」「達成」するものだと書かれていますが、経済学的にはまったく無意味です。

二〇〇〇年頃に日本が入った段階

これら経済学の常識を踏まえたうえで、「経常収支の赤字が続くと日本の財政は破綻するかどうか」について考えてみましょう。まず結論としていえることは、「経常収支」だけを見てもその国の経済状態は分からない、ということです。その国の経済の発展段階において、「経常収支」が赤字になる時期もあれば黒字になる時期もあり、常に黒字が正しいということではありません。

経済学には、「経常収支発展段階説」という考え方があります。「経常収支」だけでなく、「貿易・サービス収支」「所得収支」「資本収支」と「対外純資産」の状態を総合的に組み合わせて、その国の経済の発展段階を測る、という仮説です。

この説は必ずしもすべての国に一〇〇%当てはまるものではありませんが、各種収支とその国の経済発展の段階を理解するうえで非常に役立ちますので、押さえておきましょう。図表15をご覧ください。

「未成熟な債務国」は、経済発展の初期段階です。自国で生産できる商品は少なく、輸入に頼らざるを得ず、また資金も海外に依存して、国内産業を育成する必要があります。日本でいうと安政年間の開国から明治時代までがこれに当たります。

「経常収支」「貿易・サービス収支」「所得収支」は赤字ですが、資金が海外から流入するので、「資本収支」だけは黒字です。もちろん外国から借り入れている状態なので、「対外純資産」も赤字ということになります。

「未成熟な債務国」が輸出を中心として経済発展していくと、次の段階である「成熟した債

図表15　国際収支の発展段階

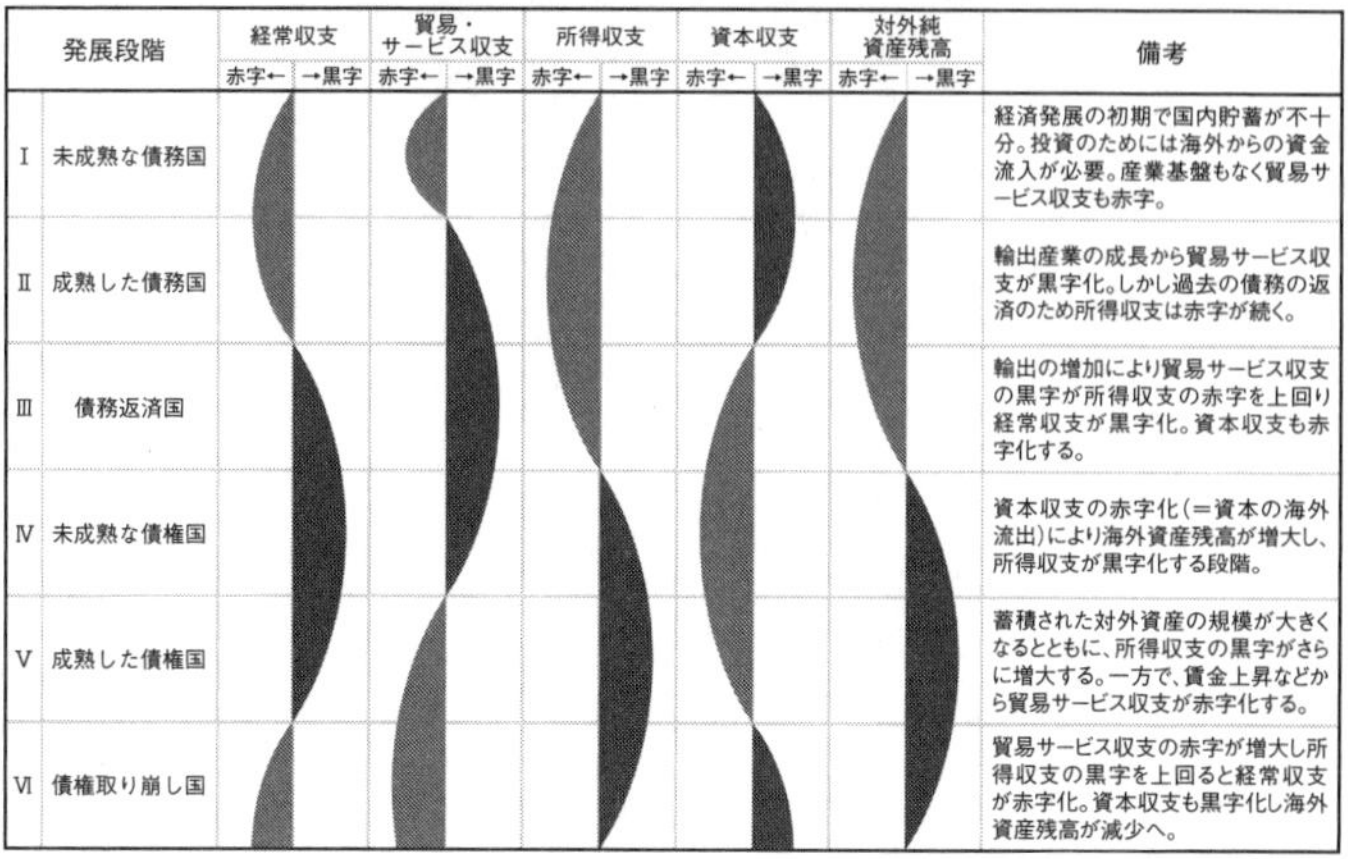

出所：内閣府　今週の指標No.681

務国」になります。日本では、生糸や茶の輸出が爆発的に増えて「貿易・サービス収支」が黒字化した明治時代がこれに当たります。

この段階では、輸出によってたくさんの外貨を稼げる反面、海外から呼び込んだ資金の返済や配当として、その外貨は再び海外に流出する。この段階では「所得収支」の赤字を「貿易・サービス収支」の黒字ではまだ埋めきれないため、「経常収支」は赤字です。

その後、さらに「貿易・サービス収支」の黒字が拡大すると、ついに対外債務の返済金額を貿易黒字が上回り、債務返済モードに入ります。これが「債務返済国」という段階。日本でいうと、第一次世界大戦の戦争特需や戦後の高度経済成長時代に当たります。

この段階では、「貿易・サービス収支」の

黒字が外国から流入した資金の返済や利払い（「所得収支」の赤字）を上回るため、「経常収支」は赤字から黒字に転換します。このことは同時に、「対外純資産」の赤字の縮小の開始を意味します。

「債務返済国」モードを長く続けると、対外純資産はやがて黒字になり、対外純債務国から対外純債権国へと転換します。この段階が「未成熟な債権国」です。対外純債権国になったことで、海外への投資や貸し付けが増え、「所得収支」も黒字化します。「貿易・サービス収支」も黒字基調を維持しているため、両者を合わせた「経常収支」も黒字のままです。

しかし、この状態まで到達すると、賃金水準が上昇したり、自国通貨高などが発生したりして、製造業の海外移転など経済構造の変化が起こり始めます。こうなると「貿易・サービス収支」の黒字は縮小します。

ただし、この段階では「貿易・サービス収支」で減った黒字は、「所得収支」の黒字幅拡大で埋めることができますので、「経常収支」も黒字は維持されます。これが「成熟した債権国」という段階。二〇〇〇年ごろから日本はこのモードに突入したといわれています。

実際にデータで確認してみると（図表16）、経常収支に占める「所得収支（グラフ上は貿易外収支）」の割合が、二〇〇〇年ごろから黒字転換して累増しています。

この状態がさらに進むと、「貿易・サービス収支」は赤字に転じ、「所得収支」の黒字では

図表16　日本の経常収支（対名目GDP比）

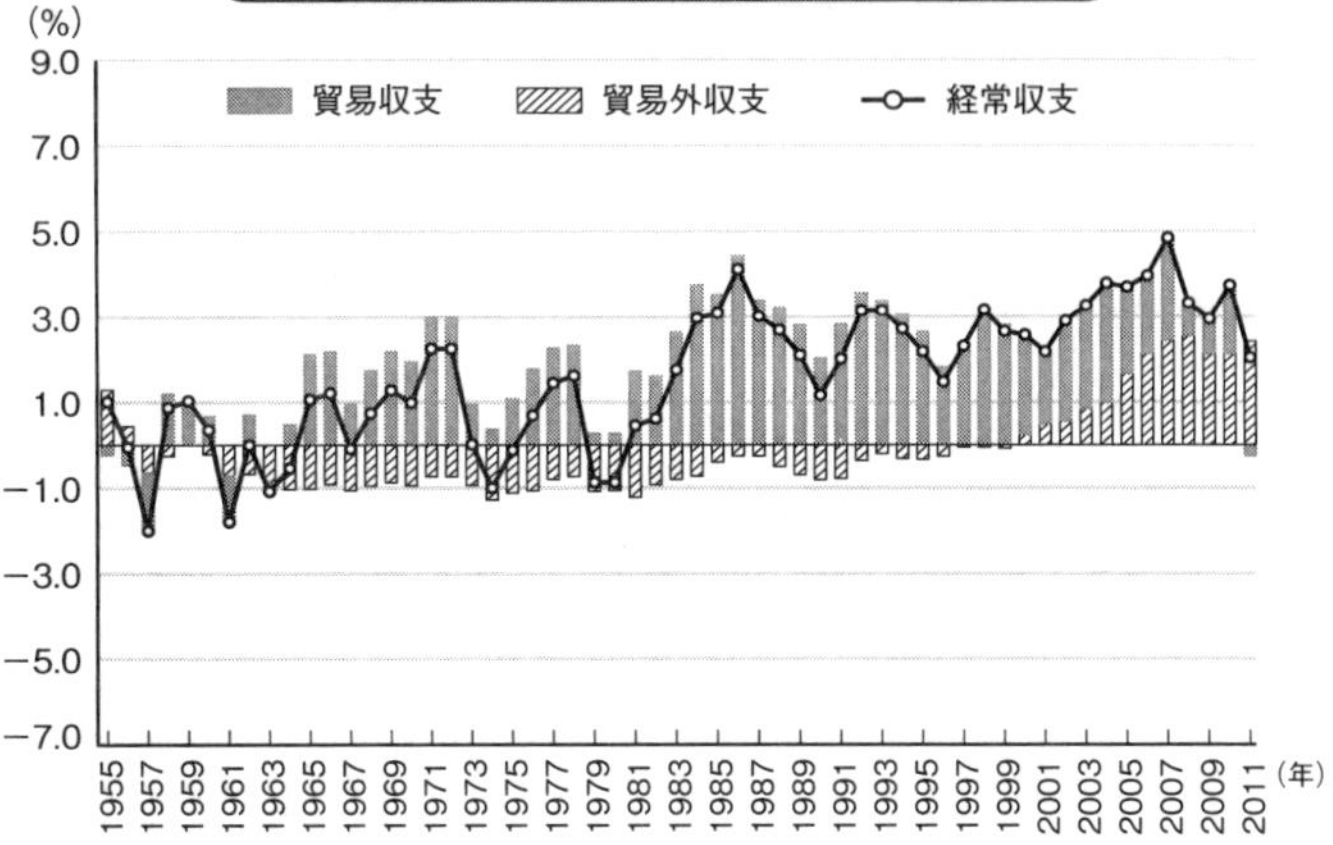

（注）1994年までは国際収支（旧系列）を基に作成した数値であり、それ以降とは連続しない。
出所：内閣府、総務省資料等より作成

埋め合わせできなくなります。この段階を「債権取り崩し国」といい、経常収支は赤字で、対外純資産は減少を始めます。

この表ではこの第六段階が最終段階です。かつてのアメリカやイギリスはこの段階にありました。しかし、最近のアメリカやイギリスは対外純債権が赤字に転換し、新たなステージに入ったようです。

エコノミストの安達誠司《あだちせいじ》氏の言葉を借りれば、それは「成熟した債権取り崩し国」という第七段階です。このステージに入ると経済状態は限りなく第一段階に近くなります。

ひょっとして、この発展段階説では、最後まで到達すると振り出しに戻るのではないかと思った人、鋭いです！

実は、この発展段階説を一九五七年に提唱

図表17　アメリカ10年国債金利推移

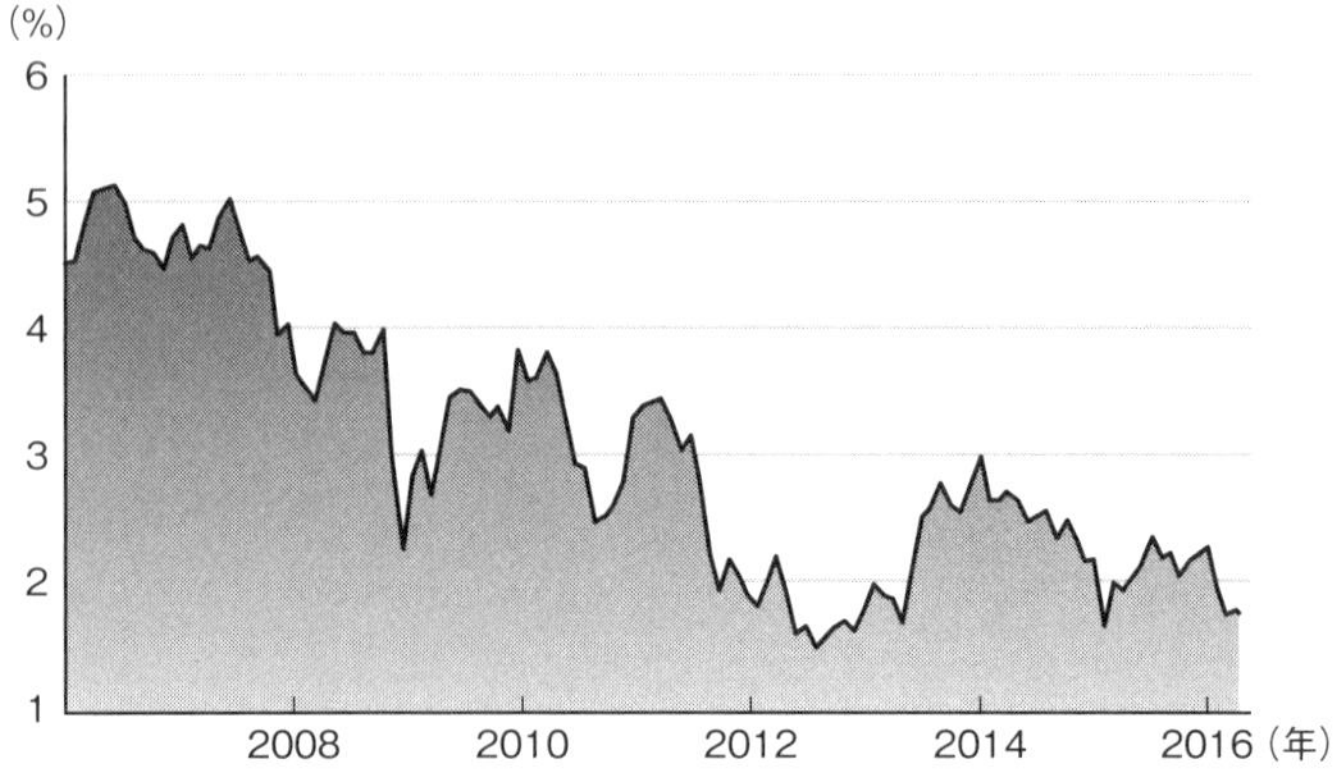

出所：アメリカ財務省

したイギリスの経済学者ジェフリー・クローサーは、第六段階の「債権取崩し国」を経済発展の終焉《しゅうえん》とは思っておらず、ある程度循環的にとらえていました。

つまり、「経常収支」の赤字がずっと続くと、いずれ振り出しの第一段階に戻ります。そして、しばらくすれば第二段階や第三段階へと進み、再び「経常収支」が黒字になる段階がやってきます。そんなポテンシャルのある国が途中で財政破綻してしまうのでしょうか？　逆に第六段階で終了なら、財政破綻が確実ということで、さぞかしアメリカ国債の金利は跳ね上がっていることでしょう。

ただ残念なのは、私には図表17が右肩下がりにしか見えないことです。

Q11 経常収支のことは分かりましたが、日本企業が海外で稼いだお金の配当金、すなわち所得収支も減っているのですか？

A11 いいえ、むしろどんどん増えています。そして、日本は二五年連続で対外純資産が世界一です。日本が海外に積み上げた資産から受け取る金利も年々増加しています。

一〇〇兆円も増加した対外純資産

次ページの図表18はここ最近の日本の所得収支の推移を表したものです。二〇〇〇年以降から所得収支の黒字が急増していることが分かります。

日本国全体が保有している純資産のうち多くの部分が海外に対する債権です。日本は対外債権国であり、外国から借金漬けになって財政が破綻したアルゼンチンやギリシャとは、ぜんぜん状況が違います。

では、日本がどれぐらいの対外債権を持っているか、具体的な金額を確認しておきましょ

図表18　日本の所得収支の推移

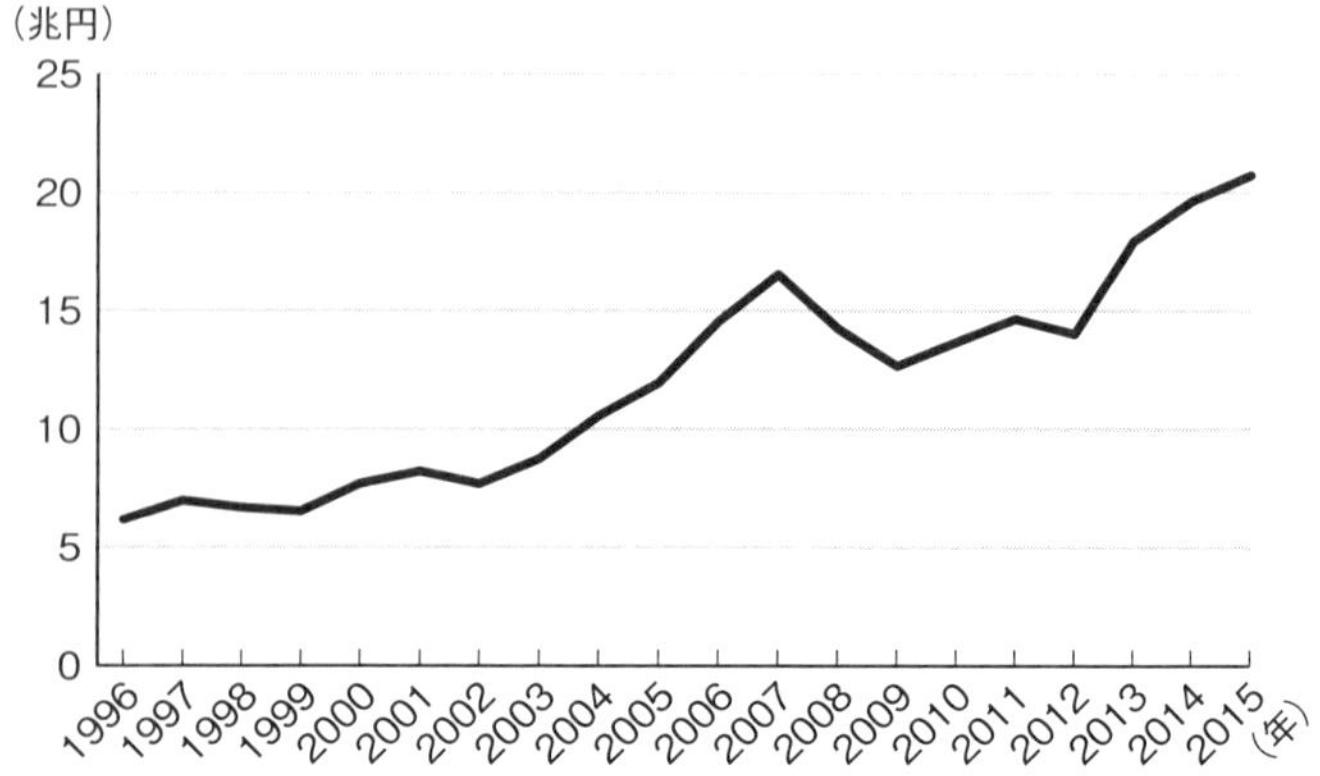

出所：財務省　※筆者によるグラフ化

う。財務省のサイトにある「平成二六年末現在本邦対外資産負債残高の概要」には次のように書いてあります（内訳は図表19参照）。

一．対外資産残高：九四五兆二七三〇億円
（対前年末比＋一四七兆五八六〇億円、＋一八・五％）

二．対外負債残高：五七八兆四一六〇億円
（対前年末比＋一〇六兆四六二〇億円、＋二二・六％）

三．対外純資産残高：三六六兆八五六〇億円
（対前年末比＋四一兆一二五〇億円、＋一二・六％）

対外資産の増加額が対外負債の増加額を上回ったことから、対外純資産残高は四年連続

図表19　日本の対外資産負債残高の内訳

（単位：10億円）

資産	26年末残高	前年末比	負債	26年末残高	前年末比
直接投資	143,940	24,639	直接投資	23,344	3,793
証券投資	410,056	48,803	証券投資	285,228	33,219
金融派生商品	56,342	48,135	金融派生商品	59,183	50,527
その他投資	183,854	8,460	その他投資	210,661	18,923
外貨準備	151,080	17,550			
資産合計	945,273	147,586	負債合計	578,416	106,462
			純資産合計	366,856	41,125

出所：財務省　平成26年末現在本邦対外資産負債残高の概要

で増加した。

平成二六（二〇一四）年末で日本の対外純資産は三六六兆円です。平成二一（二〇〇九）年末には二六八兆円だったので、五年間で約一〇〇兆円も増加しました。しかも、これは資産の総額ではなくて、負債を差し引いた純資産の金額です。すごいですね。

「世界最強の金貸し」が日本

しかも、日本の対外純資産はこのところ増え続けています。同じく財務省のデータから抜粋してグラフ化してみると次のようになります（九一ページ図表20）。

この規模は他国にくらべてどれぐらいかというと、群を抜いてナンバーワンです。金額だけ見ればダントツで世界第一位です。二〇一四年末の主要国の対外純資産というデータを発見しましたので、ちょっと見てみましょう。なお、データは財務省やＩＭＦの資料、各国のホームページからとって、円換算されています。

日本	三六六兆八五六〇億円
中国	二一四兆三〇六三億円
ドイツ	一五四兆七〇五五億円
スイス	九九兆五四一三億円
香港	九九兆五三五四億円
ロシア	四〇兆五六六六億円
カナダ	一五兆一五九四億円
フランス	▲五一兆三五七〇億円
イタリア	▲六五兆五九八二億円
イギリス	▲六六兆七八八二億円
アメリカ	▲八三四兆二五六七億円

図表20　日本の対外純資産

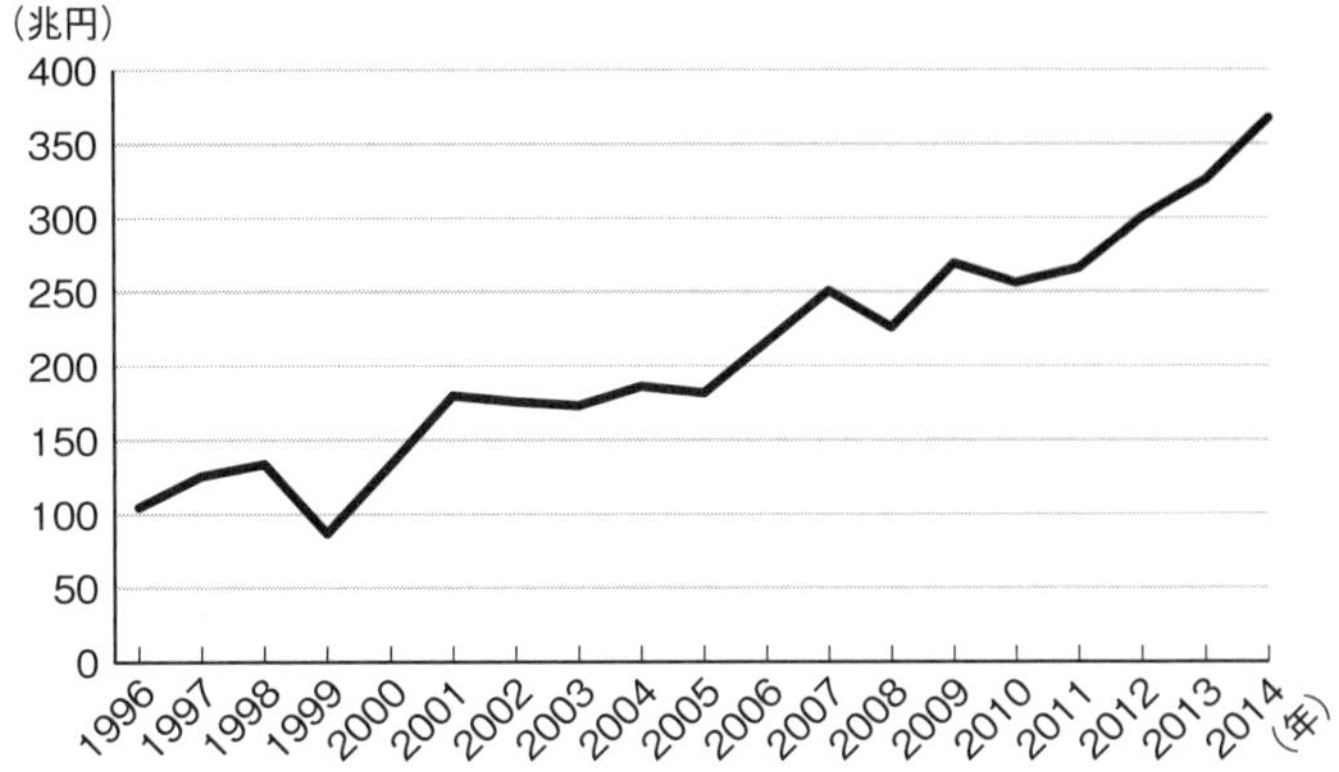

出所：財務省　※筆者によるグラフ化

やはり、だれがどう見ても、二位の中国をほぼ大きく引き離して、日本がダントツ一位です。仮に日本が破綻するのであれば、その前に二位以下の国が破綻していないと辻褄《つじつま》が合いません。日本はアメリカや中国が滅んでから対策を考えても遅くないのではないでしょうか？

ちなみに前ページに示したとおり、アメリカは多額の対外債務を抱えています。資産を差し引いてもそのマイナス幅はとてつもなく大きく、対外純債務八三四兆円です。これは実に日本の持っている対外純債権の二倍以上に当たる数字です。

これだけ借金漬けなら「さぞかしアメリカ国債は信認を失っているだろう」と思う人がいるかもしれません。ところが現在、アメリカ長期国債の金利は一・七六%です。五年前は約三・六%だったので、金利はおよそ半分にまで下がったことになります。

この同時期に、アメリカの対外純債務は、二五二兆四一九億円から八三四兆二五六七億円へと、およそ三倍増しています。アメリカ全体では、借金が増えているのに国債の信認が増すという不思議な現象が起こっているのです。

しかし、これは不思議でもなんでもありません。一応、種明かしをしておくと、アメリカの名目GDPが二〇〇九年の一四・四兆ドルから二〇一四年は一七・四兆ドルへと、約二〇%も増加しているのがポイントです。この経済成長によってアメリカの債務の維持可能性は保たれると考えた投資家が圧倒的だったからこそ、アメリカ国債は買われ続けてきたわけです。

日本の場合は、政府の借金の九五%は国内で消化されています。さらに、デフレ脱却を目指して日銀が大量に国債を買っています。しかも、世界最大の対外純債権を積み上げています。いわば日本は「世界最強の金貸し」……そんな金持ち国家が、どうやったら財政破綻するのでしょうか?

私には「経済ハルマゲドン本」がいっていることの意味がまったく分かりません。

Q12
国債の買い支えのために一四〇〇兆円の個人資産を使い果たすと、国債の引き受け手がいなくなりますか？

A12
いいえ、国債の引き受け手はいくらでもいます。

国債の価格が上昇し続ける背景

二〇一三年四月の「黒田バズーカ」以来、国債は圧倒的な売り手市場になってしまいました。まず事実関係を確認しておきましょう。

国債の価格は需給関係で決まります。買い手が多ければ価格は上がり、売り手が多ければ価格は下がります。九五ページの図表21は一〇年物長期国債の価格の推移を表しています。このグラフをご覧いただいて、価格が上がっているか下がっているか、まずお確かめください。

過去一〇年間にわたって見事な右肩上がりになっています。誰がどう見ても国債価格は上昇しています。つまり、国債の買い手が多すぎて価格の上昇が未だに止まらない、ということです。一体、国債価格はどこまで上がるのでしょうか？

債券の仕組みは、来年一万円もらえる権利を現在いくらで売買するかということで説明できます。来年一万円もらえる権利がいま九九〇〇円なら金利は一〇〇円です。国債の売買も基本的にはこれとまったく同じ仕組みです。

国債を買いたい人が増えて、来年一万円もらえる権利が九九五〇円に値上がりすると、金利は五〇円になります。さらに値上がりして九九七〇円になれば、金利は三〇円です。国債価格が上昇すると、その分だけ金利が下がります。

ということは、最終的に金利がゼロになれば、そこで国債価格の上昇は止まるような気がします。ところが、日銀は二〇一六年二月からマイナス金利を導入しました。つまり、来年一万円もらえる権利が一万円を超えて一万一〇円になる可能性も否定できない、ということです。いま払うお金より、将来もらえるお金のほうが少ないというのは、文字通りマイナス金利だからです。

さて、そんな絶対に損をする金融商品が、どうしてこんなに売れるのでしょうか？

現在、国債の最大の買い手は日銀です。インフレ目標二％を達成するため、日銀は量的緩和政策を採用し、年間八〇兆円の国債を買い続けてきました。

図表21 10年物長期国債の価格の推移

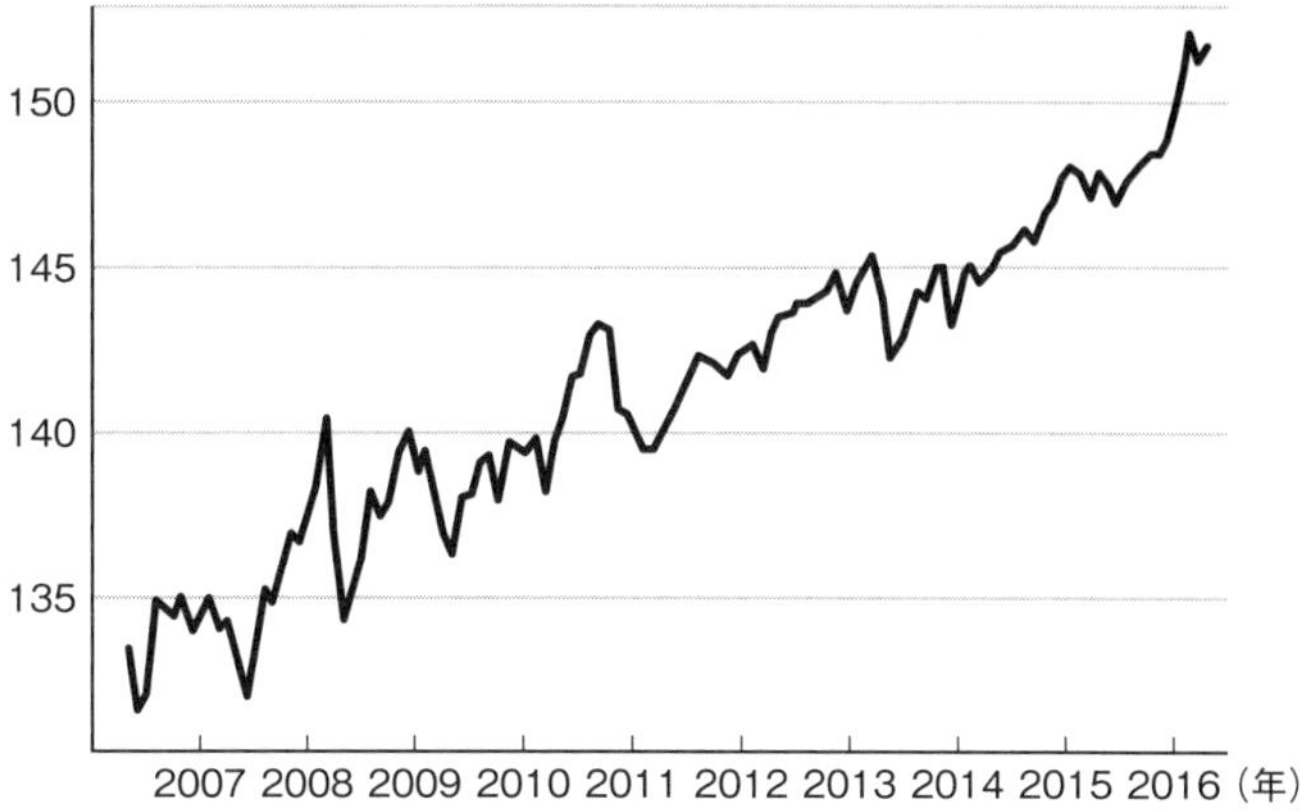

出所：SBI証券

平成二八年度に発行される国債総額は、全部で一六二・二兆円しかありません。このうち八〇兆円が日銀に購入され、残った国債を民間の金融機関が分け合うことになります。

民間の金融機関は、法律などにより、一定の国債を保有することを義務付けられています。また、ALM（アセット・ライアビリティ・マネジメント）の観点から、適切な資産の配分が必要とされており、債券、株式、外貨などへの分散投資が常識です。ということは、金融機関は、マイナス金利であっても一定量の国債を買わざるを得ません。

一例を挙げましょう。次ページの図表22は代表的な機関投資家である生命保険会社の資産運用ポートフォリオの推移をまとめたものです。図中の「公社債」のうちだいたい九割

図表22　運用ポートフォリオの推移（伝統的生保）

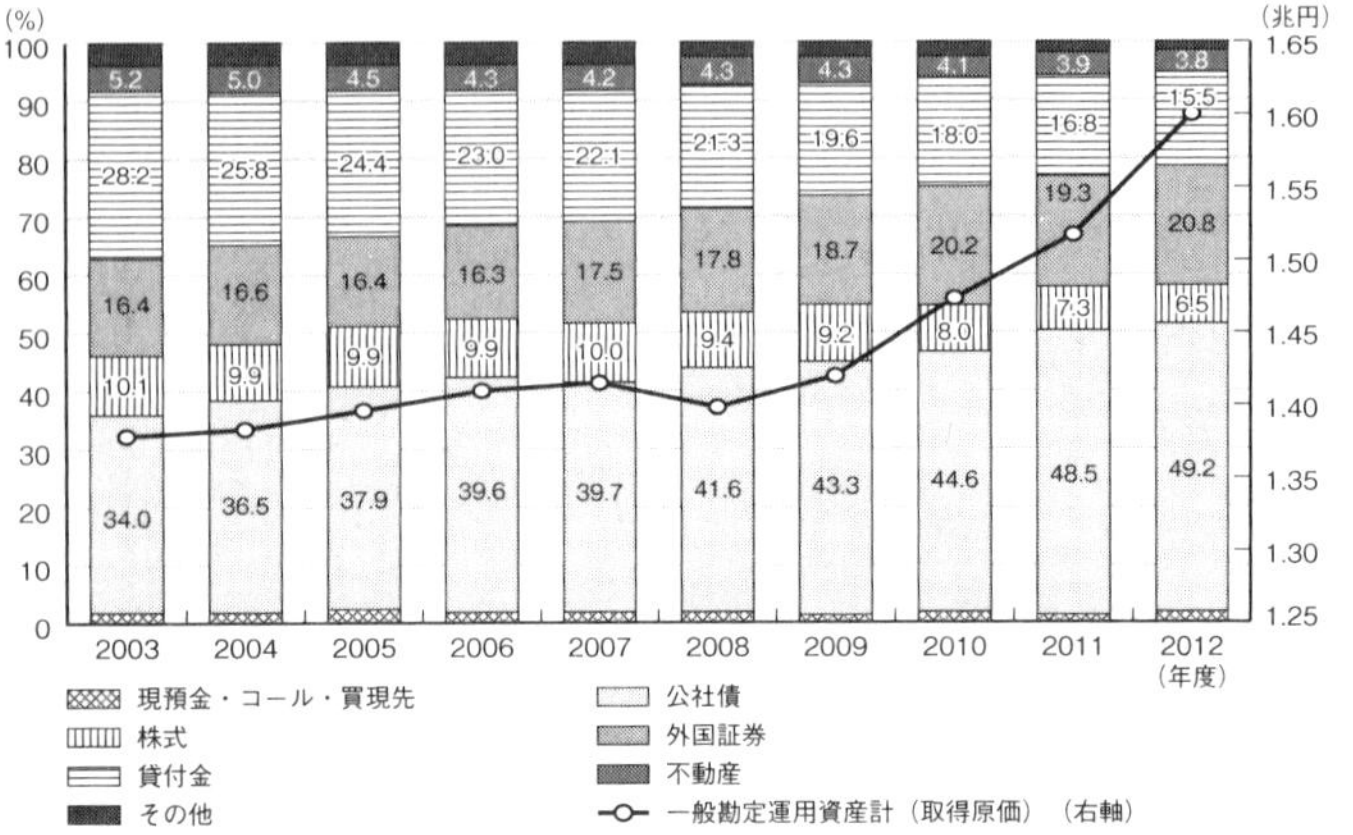

出所：各社資料より大和総研作成

ぐらいが国債に投資されています。全体で見ると、生保の巨額な資産の四割強が国債によって構成されているのです。

それだけたくさんの国債を必要としているのに、日銀が割り込んできて国債をかっさらってしまいます。その状況をより具体的に確認するため、日銀資金循環統計のなかにあるグラフ（図表23）を見てみましょう。

二〇一三年から中央銀行（＝日銀）の国債保有割合が爆発的に伸びています。まさに「黒田バズーカ」の成果です。白川方明《しらかわまさあき》総裁時代も国債を買ってはいましたが、金額も少なく、満期までの期間が短いものばかりでした。しかし、異次元緩和によって国債買い入れ金額も爆発的に増え、対象となる国債もより長期のものが増えました。

図表23 国債等の保有者内訳

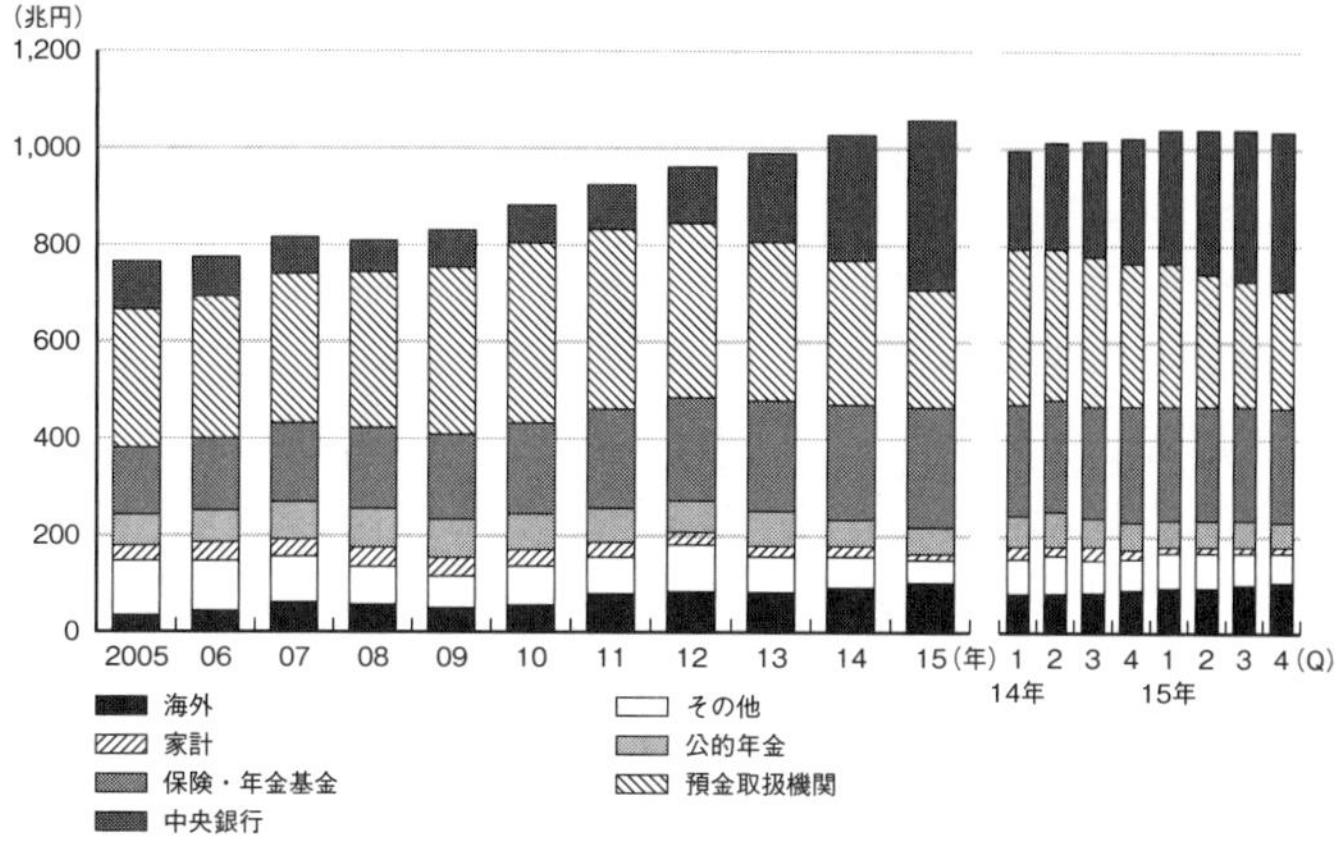

出所：日本銀行「資金循環統計」

そのせいで一番割を食っているのが「預金取扱機関」、つまり民間銀行です。日銀に国債をさらわれて、ぜんぜん国債が買えなくなっているのです。民間銀行は二〇一二年のピーク時には約四〇〇兆円の国債保有残高がありましたが、二〇一五年時点で、これが約三〇〇兆円にまで減少しています。

国債引き受けの限界を示す珍説

九九ページの図表24は、全銀協のデータを使って、メガバンク、地銀、信託銀行など、あらゆる形態の銀行の資産を合計し、その内訳の推移を表したものです。大部分を国債が占めている「有価証券」が減少して、「貸付金」と「現金預け金」が増えていることを確認してください。

「現金預け金」とは、「本邦通貨・手形小切手・外国通貨（現金）および日本銀行預け金・他行への預け金」のことです。主に日銀当座預金にある民間銀行の口座の残高だと思って間違いありません。つまり、アベノミクスの開始以降、民間銀行は国債を売って、その代金の一部を貸し出しに回し、残りはとりあえず「現金預け金」で保有している、ということになります。これだけ「現金預け金」があれば、まだまだ貸し出しの余力はありそうですし、国債の価格が下がれば、すぐにでも買い増しができそうです。

アベノミクス以前はデフレが深刻化していて、ろくな貸出先がなかったので、民間の銀行は本来やるべき貸し出しをせず、国債のディーリングで利益を上げていました。この頃よくいわれていたのが、「民間貯蓄一四〇〇兆円が国債引き受けの限界」という珍説です。

しかし、ご覧いただければわかる通り、日銀という強力なプレイヤーの登場で、この説は完全に崩れてしまいました。なぜなら、日銀はいくらでも紙幣を増刷できますので、国債の購入には限界がないからです。

もちろん日銀が大量の紙幣を発行すれば、いずれインフレになります。ただし、日銀の目標としているインフレ率は二％なので、仮に二％を超えてインフレ率が三％になる頃には、日銀の量的緩和政策は終わります。

とはいえ、急激に国債の購入を中止すれば市場が混乱しますので、毎月の購入額を徐々に

図表24　銀行資産内訳推移

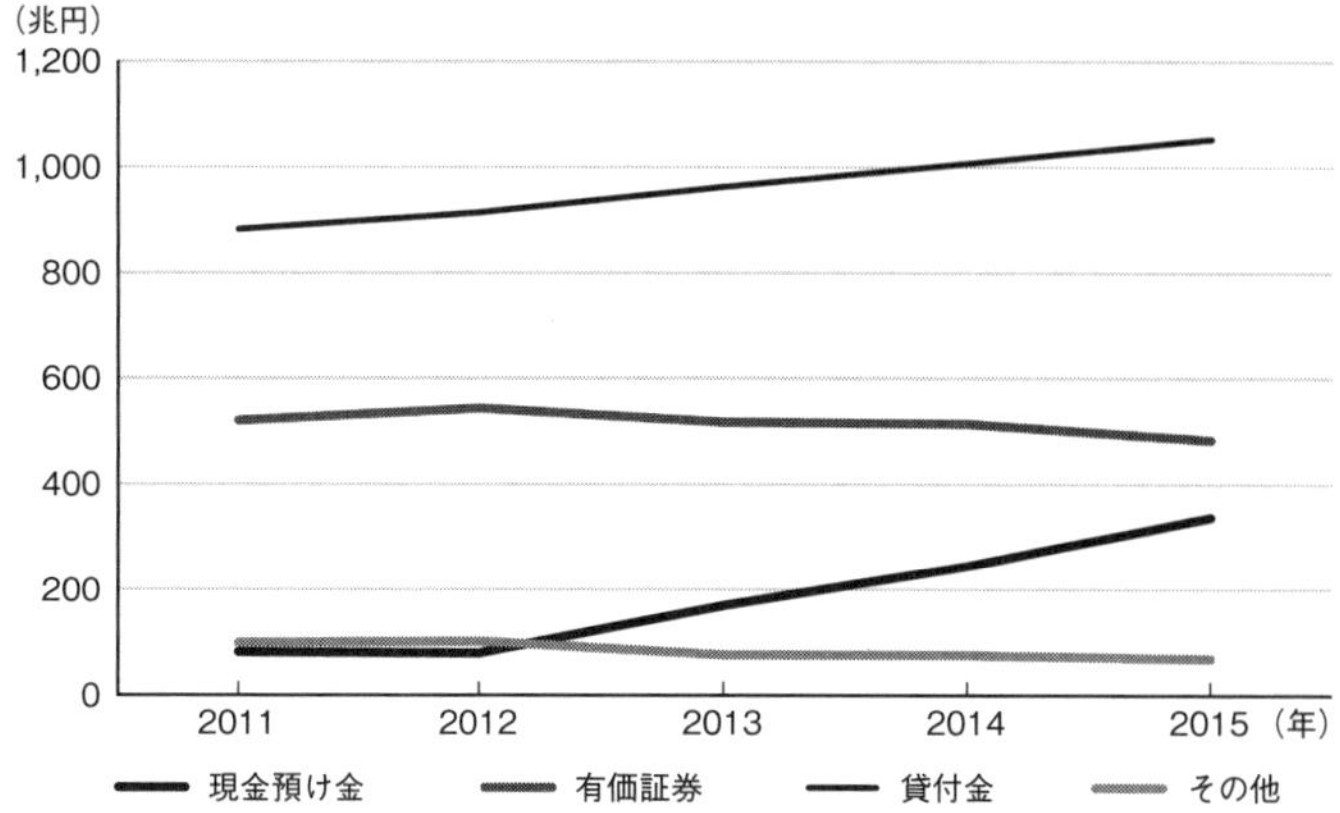

出所：全銀協　※各年の中間決算のデータをグラフ化

減らし、最終的にはゼロにするという手法を使います。これがいわゆる「テーパリング」というもの。アメリカでは、すでにＦＲＢがこの手法を使って量的緩和政策を終わらせました。

日銀はその後、国債を満期まで保有して借り換えをしないとか、場合によっては手持ちの国債を市場で売ることによって逆に市場から資金を吸収したりもします。こうすることで、際限なくインフレ率が上昇することを防ぐことができるのです。よって、ある朝起きてみたらインフレ率が一万％を超えていた、などということは絶対にありません。

もし、日銀のようなビッグプレイヤーが国債を買うのを中止すれば、国債の買い手が減って価格は下がります。それは、これまで高すぎて買えなかった金融機関がやっと国債を買えるようになった、そのことを意味します。そして、日銀の国債買い入れが終わったということは、この時点ではデフレが完全に終わっていますので、景気が良くなっています。景気が良くなれば人々の懐《ふところ》も暖かくなります。儲けたお金を貯金したり、保険を掛けたりする人も増えるでしょう。これらの資金が金融機関に流れ込めば、金融機関はポートフォリオが拡大し、結果的に、それが国債購入を後押しすることになります。

このように、日本経済が回復する過程で日銀の国債買い入れは歴史的な役割を終えます。それ自体に何も問題はありません。国債を買い入れるプレイヤーは入れ替わり、金利も現在より上がるかもしれませんが、デフレを脱却した後の金利上昇は、むしろ経済の健全性を示す良い金利上昇といえます。

これでわかるように、経済はその状況において、それなりに最適化されているわけです。その経済状況に合わせて自身の仕事や資産運用の在り方を見直したほうがよほど建設的ではないでしょうか？

景気が循環していく過程で主なプレイヤーは入れ替わりますが、基本的に国債への需要がなくなることはありません。日本が破産することを心配する暇があったら、自分がこの時代にどう稼ぐのか、そっちのほうを真剣に考えるべきだと思います。

Q13 財政赤字が膨らみ続けると、日本国は破産するのでしょうか？

A13 いいえ、それが維持可能であれば破産しません。

国の資産を報道しない新聞

たとえば、「オレは一〇億円の借金を負っている。借金大王だ！」と自慢している中小企業の社長がいたとしましょう。確かに、一〇億円という借金の金額は一般的に考えれば大変な金額です。普通の人なら一生働いても返せないでしょう。

ところが、この社長は時価一〇億円の豪邸に住んでいて、年収が一億円です。不動産と年収の現在価値を足して資産総額を求め、これを負債総額の一〇億円と比較してみましょう。この社長は明らかに借金よりも資産のほうが多く、純資産で見れば大幅なプラスになっています。さっきの借金自慢はなんだったのでしょう？

私たちは知らず知らずのうちに、自分が置かれた生活環境に当てはめて物事を考えてしまうクセがあります。年収四〇〇万円の人にとって、一〇億円の負債は一生働いても返済しきれないトンデモない金額です。しかし、資産一〇億、年収一億の人にとってみれば、実はそれほど大きな金額でもないわけです。

だから、「国の借金一〇〇〇兆円」という話も、資産や国の稼ぐ力と比較して見なければ、本当のことは分かりません。

しかし、新聞やテレビの経済ニュースでは、「日本の借金が大変なことになっている！」といつも大騒ぎしています。たとえば、次のような記事が一定の間隔を置いて、定期的に掲載されているのをご存知でしょうか？

〈「国の借金」一二月末で一〇四四兆円　国民一人当たり八二三万円

財務省は一〇日、国債や借入金、政府短期証券を合わせた「国の借金」の残高が二〇一五年一二月末時点で一〇四四兆五九〇四億円になったと発表した。九月末からの三ヵ月間で九兆八三四〇億円減った。一六年一月一日時点の総務省の人口推計（一億二六八二万人）で単純計算すると、国民一人当たり約八二三万円の借金を抱えていることになる〉

（「日本経済新聞」電子版二〇一六年二月一〇日付）

まるで借金が雪ダルマ式に膨らんでいくかのような印象です。しかし、債務の大きさは、あくまで借り手の資産と収入とのバランスで考えなければ意味がありません。具体的にいえば、国の貸借対照表を見ないと、それが多いのか少ないのかは判断できない、ということになります。この記事のどこを読んでも、貸借対照表の左側にある資産のことは一言も書いてありません。

実質的な借金は一〇〇兆円だけ

「国の貸借対照表」は、財務省が毎年こっそり発表しています。ただ、負債の金額がほぼリアルタイムで発表されるのに対して、資産を含んだ貸借対照表は二年度遅れでしか発表されません。そこには資産側の記載もあるため、何とか人目に触れないようにしたいという涙ぐましい努力が見え隠れします。

まずは実物をご覧ください（一〇四ページ図表25）。

平成二七（二〇一五）年の三月三一日現在、日本政府の資産総額は六七九兆円、負債総額は一一七一兆円と書いてあります。すると、純粋な意味での国の債務は約四九二兆円です。もうこの段階で、新聞報道等で印象操作されている金額の半分以下です。

次に、資産側に重大な記載漏れがあることを指摘しておきましょう。それは日銀の資産で

図表25　国の貸借対照表

（単位：100万円）

	前会計年度（平成26年3月31日）	本会計年度（平成27年3月31日）		前会計年度（平成26年3月31日）	本会計年度（平成27年3月31日）
〈資産の部〉			〈負債の部〉		
現金・預金	18,618,962	27,761,763	未払金	9,476,839	10,281,880
有価証券	129,318,961	139,477,055	支払備金	324,410	305,732
たな卸資産	3,927,617	4,014,747	未払費用	1,357,425	1,336,191
未収金	6,227,384	6,062,551	保管金等	660,957	708,886
未収収益	821,355	801,925	前受金	58,283	56,334
未収(再)保険料	4,851,356	4,666,417	前受収益	1,861	1,948
前払費用	1,313,871	4,269,404	未経過(再)保険料	99,788	134,252
貸付金	137,940,309	138,251,040	賞与引当金	279,385	300,361
運用寄託金	104,769,423	103,674,661	政府短期証券	101,597,195	99,194,791
その他の債権等	2,949,829	3,085,152	公債	855,760,998	884,915,124
貸倒引当金	△2,331,897	△2,056,559	借入金	28,411,277	28,897,479
有形固定資産	177,728,626	179,573,519	預託金	6,979,845	6,541,389
国有財産(公共用財産を除く)	29,059,626	28,968,995	責任準備金	9,441,829	9,650,208
土地	16,841,295	17,063,919	公的年金預り金	112,232,671	113,705,287
立木竹	2,913,672	2,669,435	退職給付引当金	8,798,046	8,051,868
建物	3,451,920	3,393,557	その他の債務等	7,575,612	7,728,579
工作物	3,111,144	2,977,238			
機械器具	0	0			
船舶	1,403,849	1,454,252			
航空機	617,135	621,750			
建設仮勘定	720,607	788,841			
公共用財産	146,356,836	148,475,665			
公共用財産用地	38,897,073	39,198,439			
公共用財産施設	107,082,242	108,908,511			
建設仮勘定	377,520	368,713			
物品	2,282,908	2,100,612			
その他の固定資産	29,255	28,246	負債合計	1,143,056,428	1,171,810,318
無形固定資産	226,720	225,789	〈資産・負債差額の部〉		
出資金	66,318,184	70,003,883	資産・負債差額	△490,375,722	△491,998,966
資産合計	652,680,706	679,811,352	負債及び資産・負債差額合計	652,680,706	679,811,352

（注1）　資産の部の現金・預金（本会計年度27.8兆円）は、年度末時点の実際の保有残高に出納整理期間における現金・預金の出納を加減した金額である（年度末時点の政府預金残高は1.8兆円、外貨預金残高は6.8兆円である）。

（注2）　国が保有する資産には、公共用財産のように、行政サービスを提供する目的で保有しており、売却して現金化することを基本的に予定していない資産が相当程度含まれている。このため、資産・負債差額が必ずしも将来の国民負担となる額を示すものではない点に留意する必要がある。

（注3）　負債の部の公債（本会計年度884.9兆円）については、基本的に将来の国民負担となる普通国債残高（777.7兆円）のほか、財政投融資特別会計等の公債残高を含み、国の内部で保有するものを相殺消去している

出所：財務省

図表26　日銀の貸借対照表

（単位：1000円）

資産		負債および純資産	
金地金	441,253,409	発行銀行券	89,673,254,629
国債	269,792,149,426	当座預金	201,556,431,650
コマーシャル・ペーパー等	1,978,962,167	政府預金	1,794,185,531
金銭の信託（信託財産株式）	1,351,078,039	売現先勘定	17,608,286,376
金銭の信託（信託財産指数連動型上場投資信託）	4,483,556,323	引当金勘定	3,848,399,108
貸付金	34,097,585,000	資本金	100,000
代理店勘定	23,119,339	準備金	2,886,288,309
（中略）		（中略）	
合計	322,567,655,592	合計	322,567,655,592

出所：日本銀行

負債の側に「発行銀行券」という科目で八九兆円計上されていますが、これは世の中に流通する日本銀行券（現金）のことです。日銀の借金ではありません。もちろん、便宜上その流通価値を日銀が保証しているという点では負債なのかもしれませんが、一般的な意味でいう負債とはまったく性質を異にするものです。

このような観点で考えてみると、日銀の負債というのは基本的に無視しても問題なさそうです。少なくとも当座預金は全額引き出されても現金を印刷して渡すだけですし、現金は別に回収する必要はありません。

そして、一番確実なこの二つの勘定科目を負債側から除外すると、二〇一五年三月三一日時点で、日銀の純資産は二九〇兆円あることになります。この金額を先ほど計算した政府の純債務四九二兆円から差し引くと、残りは二〇二兆円になります。この時点で、新聞報道の五分の一になってしまいました。

財政再建の最重要条件は物価上昇

まだ続きがあります。そもそも、政府債務は完済しなくてもいいのです。債務の維持可能性さえ担保されれば、ひたすら借り換えを繰り返すことができるからです。

この債務の維持可能性を表す指標として代表的なものが、「公債のドーマー条件」です。これは、次の不等式によって簡単に表すことができます。

■名目GDP成長率＞名目公債利子率　↓債務は収束し、維持可能……①
■名目GDP成長率＜名目公債利子率　↓債務は発散し、維持不可能……②

この他に、プライマリーバランス（基礎的財政収支）という指標もあります（図表27）。プライマリーバランスとは、借金返済に充当した支出を除いた政府の歳出の総額と、国債発行で得た収入を除いた歳入の総額を比較した収支のこと。誤解を恐れず分かりやすくいえば、国の営業利益みたいなものです。過去の借金の返済や借金で得た収入を除く、本業だけ

図表27　基礎的財政収支（プライマリーバランス）

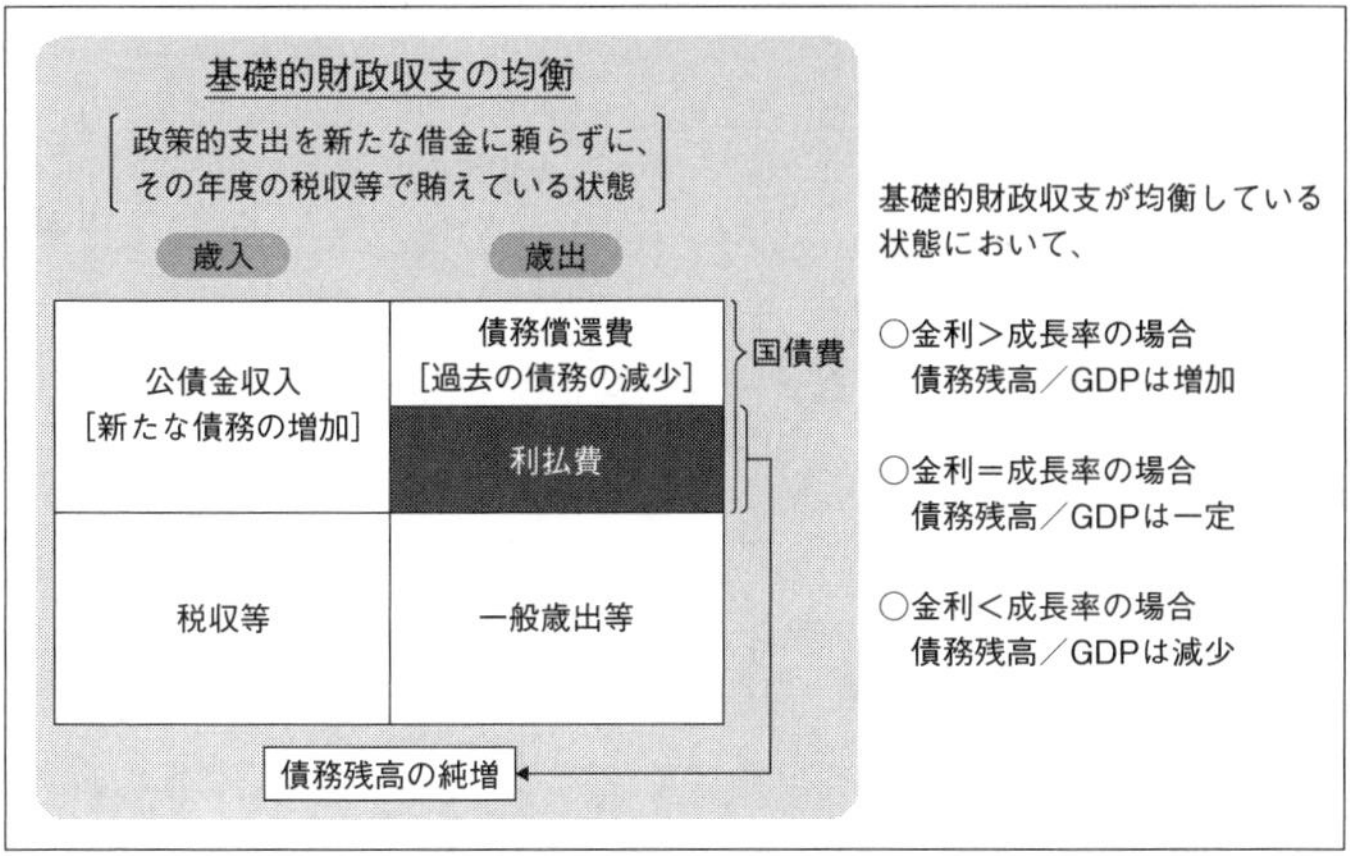

出所：財務省

の収支だと考えてください。

このプライマリーバランスが概《おおむ》ね均衡している状態（つまりプラスマイナスゼロ）であれば、毎年の財政支出が毎年の収入で賄《まかな》われていることになります。そして毎年の支出と収入さえ均衡していれば、少なくとも新たに負債が増えることはありません。

この状態をキープしたうえで、国債の金利以上に経済成長していけば、その差額が負債の返済に回ることになります。仮に、経済成長を表す名目GDP成長率が、○・○○○一%しか金利を上回らなくても、そのごくわずかな差額を元本の返済に充当できるわけです。

すると、政府は永遠の寿命を持っていますので、巨額の負債の元本に対してごくわずか

図表28　日本のプライマリーバランスの状況

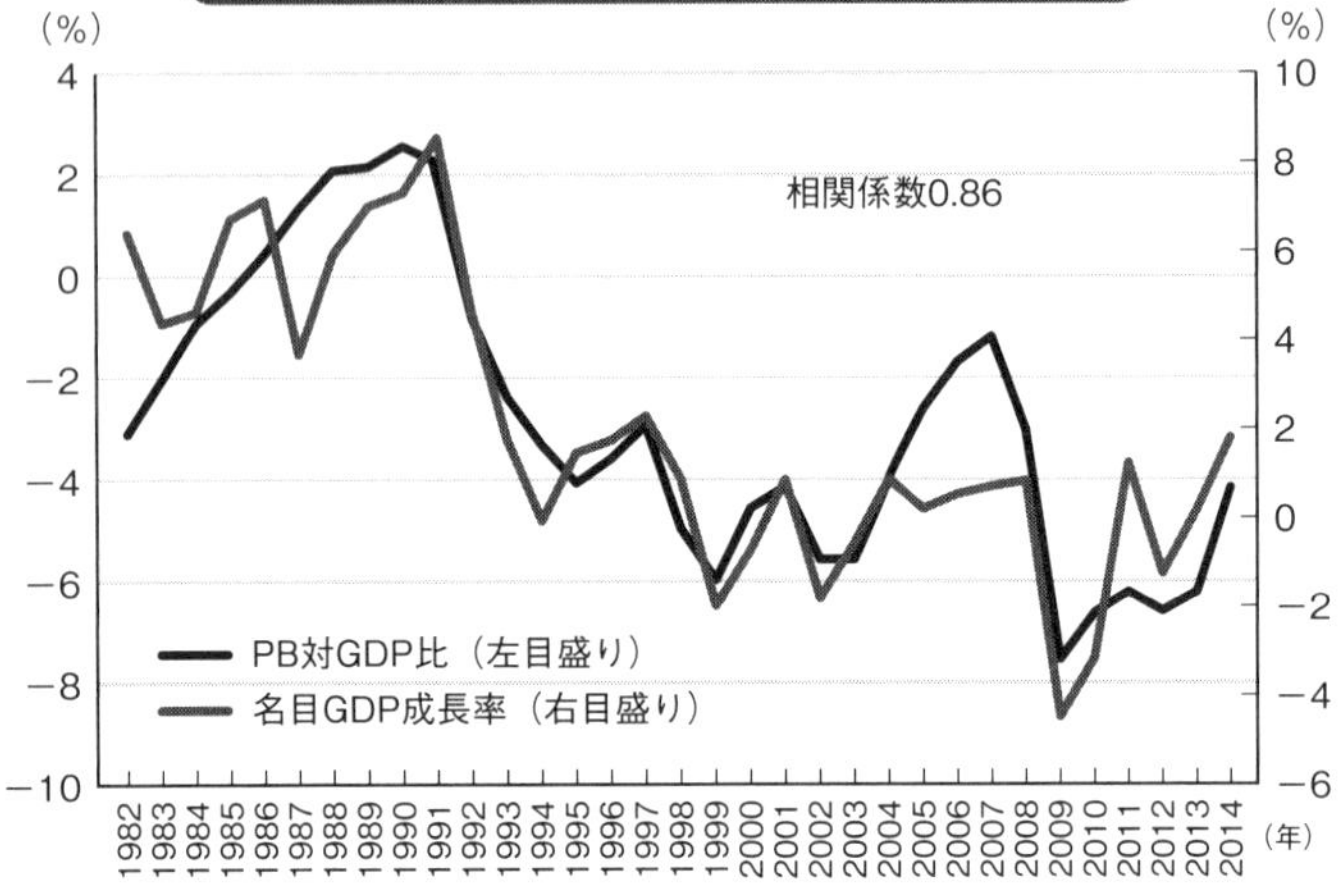

（資料）内閣府「国民経済計算」など
出所：ダイヤモンド・オンライン　「髙橋洋一の俗論を撃つ！」

な返済額ではあっても、債務が膨らまない以上、維持が可能だという結論になります。

現在に至る日本のプライマリーバランスの状況は、図表28で確かめることができます。

一九八〇年代は総じてプラスだったプライマリーバランスが、一九九一年のバブル崩壊以降一気にマイナスに転じ、一九九九年にどん底に落ち込みました。その後は、緩やかに回復し二〇〇七年にはプラス転換寸前まで改善していましたが、二〇〇六年の日銀による量的緩和解除という誤った政策と、二〇〇八年のリーマンショックが重なったために、再び大きくマイナスに落ち込んでしまいました。

ご覧いただけば分かる通り、プライマリーバランスは前年の名目ＧＤＰ成長率と強い相関があります。相関係数は〇・八六です。つまり、「財政再建をしたいなら名目GDPを上げて行けばいい」ということになります。

名目GDP成長率は次のような公式で求められます。

■名目GDP成長率＝実質GDP成長率＋物価上昇率

財政赤字の問題ばかりが強調されますが、実は財政再建にとって最も重要なのは物価上昇率を上げること、つまり、日銀がインフレ目標を達成することなのです。新聞報道に騙《だま》されないでください。

Q14 国債の金利が上昇したら、日本の財政は破綻するのでしょうか?

A14 いいえ、必ずしもそうとはいえません。景気回復に伴う良い金利上昇というものもあります。

「日本債券村」はウソつき村

債券の金利と価格の関係をもう一度復習しましょう。来年一万円もらえる権利を、いま九九〇〇円で買えるとすると、金利は一〇〇円です。来年一万円もらえる権利が九九五〇円に値上がりすると、金利は五〇円に減ります。逆に、来年一万円もらえる権利が九八五〇円に値下がりすると、金利は一五〇円に増えます。

このように、債券の価格が上昇するときに金利は低下し、債券の価格が下落するときに金利は上昇します。国債も債券の一種ですので、この原理が当てはまります。

現在、国債の金利は、大幅に低下してマイナスになっています。金利が大幅に低下したということは、価格が大幅に上昇しているということです。では、なぜ価格が大幅に上昇したのでしょうか？

国債価格は入札で決まります。国債の買い手が増えたり、買い手の数は変わらなくても購入量を増やしたりすると、当然、落札価格が高くなります。落札価格が上昇すれば、金利は下がります。

実は、過去一〇年間、国債の価格は一貫して上昇していました。買い手の購入意欲の割に、国債の発行が不足していたからです。では、なぜ買い手が増えたかというと、日本ではデフレが長く続き、国債ぐらいしか運用益を得られる商品がなかったからです。

そのため、二〇一三年からの異次元緩和が始まり、日銀による国債の購入量が大幅に増えると、ただでさえ供給不足だった国債市場は、井戸が涸《か》れるほどの大騒ぎになりました。

みなさんは、「日本債券村」という村をご存じでしょうか？　最近は過疎化が進み過ぎて「ゾンビ村」と呼ばれている恐ろしい村です。

「日本債券村」とは、債券のディーリングで利益を上げていた人々を揶揄《やゆ》するネットスラングです。バブルの頃まで、銀行の稼《かせ》ぎ頭《がしら》は融資部門であり、債券部門に勤務する人は日陰者でした。ところが、一九九〇年代末からデフレが深刻化したことで、銀行は融資に消極的になり、預かった預金を国債などの債券で運用して利益を上げるようになりました。

デフレのせいで融資部門は不良債権に苦しみ、反対に債券部門は安定的に利益を上げる花形になったのです。

すると彼らは勘違いしてしまいました。自分たちが国債を引き受けることで日本という国を支えている、と……完全にイカれてます。これが、「日本債券村」の正体です。

「日本債券村」の村民たちは、国債しか運用先がないという状態が続くことを願っています。それは、とりもなおさずデフレの継続です。日本国民にとってはとても迷惑な話ですが、彼らにとっては極めて心地よい環境だったのです。

そこで彼らは、ことあるごとに量的緩和が危険であり、「ひとたびお金を刷り始めたら物価が際限なく上がってハイパーインフレになる」とか、「国債が暴落して日本が破産する」などという噴飯《ふんぱん》ものの与太話を飛ばしました。が、このウソがばれてしまったのです。

ハイパーインフレも大ウソ

アベノミクス一本目の矢である大規模金融緩和が二〇一三年四月に始まりました。さて、それから三年以上経ちましたが、ハイパーインフレとか、国債大暴落とか、そういう経済ハルマゲドンは起こっているでしょうか？　現実はまったく正反対です。むしろ、国債への信認は増し、金利は大幅に下落してしまいました。

それは同時に、「日本債券村」の過疎化の始まりでした。金融機関は相次いで債券部門のリストラを開始します。銀行経営者の手のひら返しの早さはハンパではありません。デフレ時代の花形だった「日本債券村」は、まさに過疎化から廃村危機という状態です。

そこで、村民たちは手当たり次第にゴミを投げつけて、何とか自分たちのビジネスを守ろうとしました。そのゴミの一つが「国債の金利が暴騰」という与太話です。

市場ではこういう話を「ポジショントーク」といいます。新聞記者は査読能力ゼロなので、債券ディーラーの話を鵜《う》呑《の》みにしてしまうのです。

とはいえ、いずれ日銀はインフレ目標を達成し、現在のように国債を購入することを止めるかもしれません。そうなれば、国債の買い手は減って、国債価格は下がるでしょう。そのとき当然、国債金利は上がります。では、同時に金利が際限なく上がって、日本は破産するでしょうか？

アメリカでは実際に、量的緩和からの出口政策が進行しています。ＦＲＢは二〇一四年一月から量的緩和の縮小（テーパリング）を開始し、二〇一四年一〇月に量的緩和を終了しました。その後、一年ほどの期間をおいて、二〇一五年一二月に利上げに転じています。

アメリカは日本以上に借金漬けの国（政府債務が一八兆ドル、対外純債務は約八兆ドル）です。「日本債券村」の村民のいうことが正しいなら、きっとハイパーインフレと国債金利

図表29　PCEデフレーター

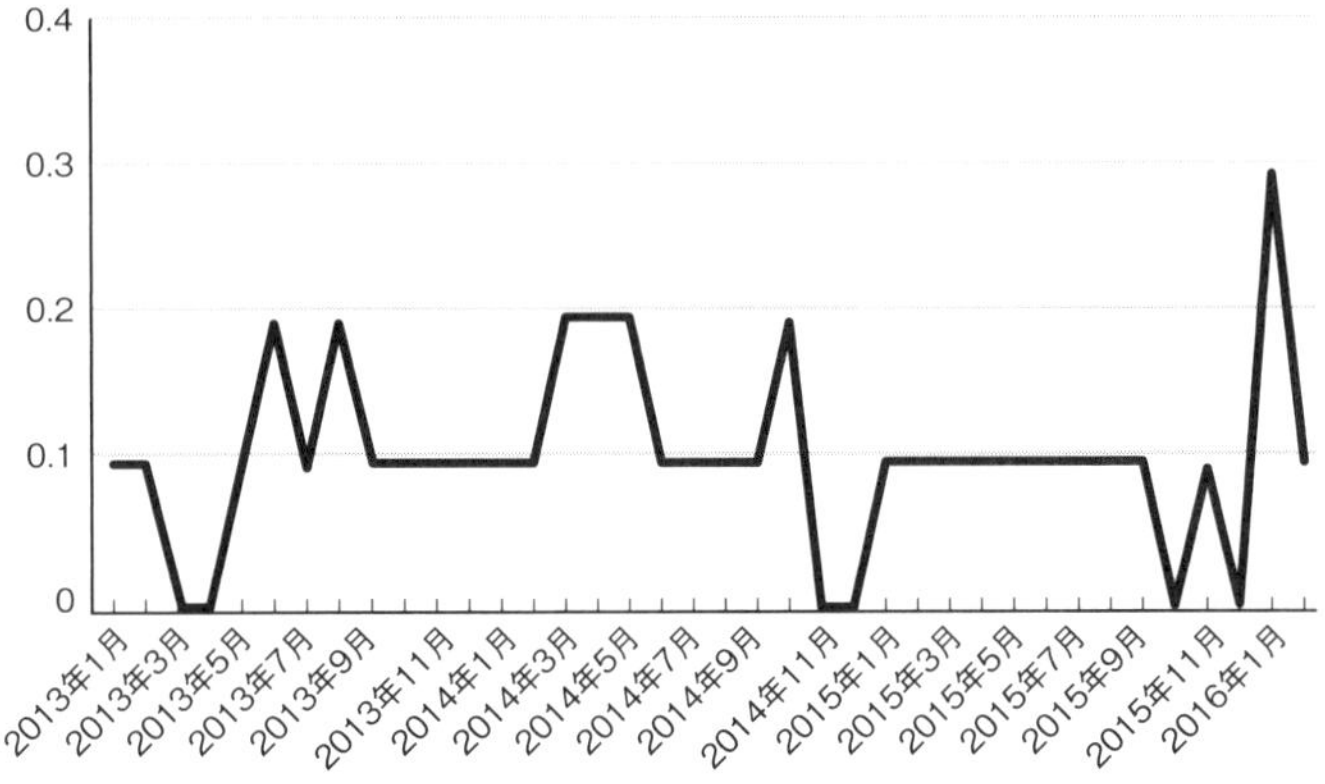

出所：アメリカ商務省　※PCEデフレーターとは、個人消費支出関連のインフレを示す指数のうち、変動の大きな食品・エネルギーを除いたもの

の際限のない暴騰が起こるでしょう。

では実際にどうなったのか、事実を確認しておきたいと思います。

ハイパーインフレの定義は、フィリップ・ケーガンの古典的な定義によれば年率一万三〇〇〇％、国際会計基準の定義ですら年率二六％です。アメリカのPCEデフレーターは未だにゼロ近傍であり（図表29）、いずれの定義を使ってもハイパーインフレは発生していないようです。国債金利も、むしろ利上げをしてから下がってしまいました（図表30）。やっぱり「日本債券村」はウソつき村だったようです。

おそらく、日本においても物価上昇率が二％を安定的に超えて、二度とデフレに戻らない状況になれば、出口政策が始まるでしょ

図表30　アメリカ10年国債利回り

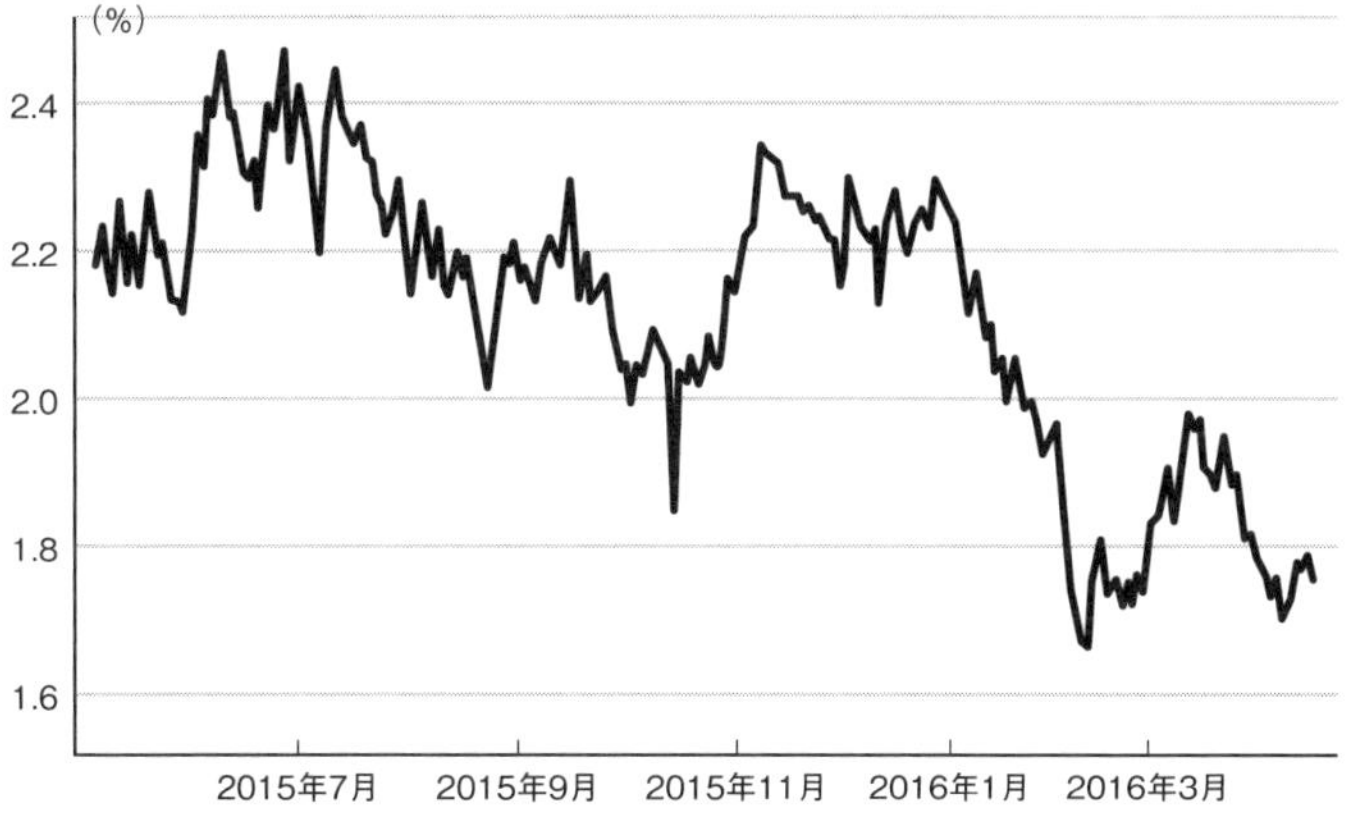

出所：SBI証券

う。そのときはデフレからマイルドなインフレに転換が終わっており、景気は相当よくなっています。人々は多くのお金を投資や消費に回し、むしろ供給が少し不足するぐらいの状態です。

そんなときに日銀が国債購入量を減らせば、国債の買い手が減って価格が少し下がります。その結果、金利が少しだけ上がるため、人々は無理してお金を使うのをやめ、少し貯蓄に回すようになります。こうすることで景気の過熱を防ぐことができるのです。

これを「良い金利上昇」といいます。デフレから完全に脱却すれば当然起こることであり、むしろ経済状態としてはより健全な状態になるということです。一体これのどこが問題なのか、さっぱり分かりません。

Q15 少子高齢化や人口減少が続くと、いずれ日本は財政破綻するのでしょうか?

A15 いいえ、人口減少が究極まで進めば、政府債務問題は完全に解決します。

国民が一人になると財政問題は

日本の合計特殊出生率は、二〇一五年に一・四六です。女性一人が一生で産む子どもの人数が一・四六人ということは、二名の両親から一・四六人の子どもが縮小再生産されていることを意味します。

国立社会保障・人口問題研究所の人口推計によれば、二〇六〇年の日本の人口は八六七四万人で、そのうち六五歳以上の人口割合が三九・九%になるということです。なるほど、高齢化が進んで大変そうですね。

しかし、ここでシミュレーションを止めてはいけません。もしこのペースで人口が減り続けるなら、いずれ日本国民が一人になるときが来るでしょう。そのときがいつか試算してみ

図表31　将来人口推計

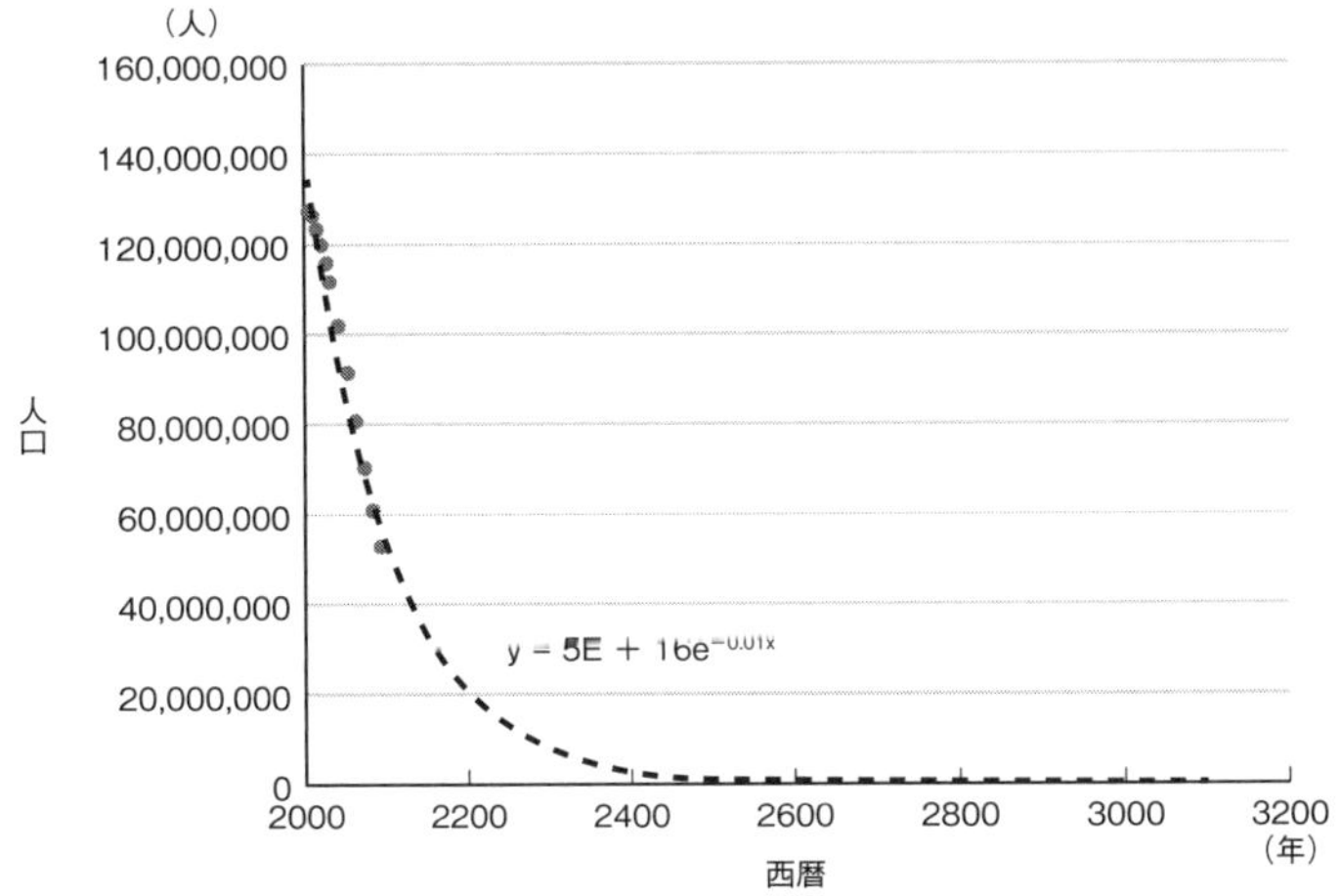

ました（図表31）。

総務省統計局の『日本の統計２０１６』から将来人口推計データをダウンロードして、エクセルで集計。将来人口と西暦で散布図を作り、グラフ作成ツールを使って近似曲線および式を求めると、次のようになります（ちなみに、近似曲線はいくつかの種類から選択できるのですが、今回は一番見た目にフィットする指数近似を使いました）。

集計の結果、西暦二七〇〇年ごろには日本の人口が一人になることが分かります。これが究極まで人口減少が進んだ状態ということでいいでしょう。さて、このときの政府債務問題は、どのようにとらえればいいでしょうか？

仮に、最後の日本人の名前を佐藤さんとし

ましょう。佐藤さんは日本の国民であると同時に、総理大臣であり、最高裁判所長官であり、日銀総裁でもあります。もちろん、財務省の事務次官も兼任です。ありとあらゆる政府の役職は、佐藤さん以外になり手がいません。

日本の国債が九五％日本人によって買われていますので、佐藤内閣の抱える債務のほとんどは佐藤さん個人からの借金となります。佐藤総理は、債権者であり唯一の国民である佐藤さん、つまり自分自身に債務を返済しなければなりません。

もし、政府資産が負債を上回っていれば、政府のお財布から個人のお財布にお金を移せば終了です。逆に、資産が負債を下回っていれば、政府のお財布から個人のお財布にお金を移せるだけ移して、残額はまけてもらえばいいということになります。

このように、日本国民一名という最低、最悪の人口減少が襲えば、国の財政問題は即座に解決することが可能です。もちろん、佐藤さんが死亡して日本の人口がゼロになると、債権者も債務者も消滅しますので、やはり財政問題は解決してしまいます。

物価は上昇しても金利は急騰せず

日本人は本当に「人口が○○だから××になる論」が大好きな民族で、戦前は「人口が増え過ぎると人々が貧しくなって国が亡ぶ」などといっていました。いわゆる「マルサスの人口論」というやつです。どうも、人口は増えても減っても国が滅ぶみたいです。

イギリスの経済学者ロバート・マルサスは、一七九八年に匿名《とくめい》で、「人口の原理に関する一論」という論文を書き、次のような問題を提起しました。

①人口は必然的に生存資料によって制限される

②人口は、もしも非常に有力かつ顕著な妨げによって阻止されないかぎり、生存資料の増すところではつねに増加する

③これらの妨げ、ならびに人口の優勢な力をおさえてその結果を生存資料と同一水準にたもたしめるもろもろの妨げはすべて道徳的抑制、罪悪および困窮に帰着する

人間が生きていくために必要な食料や衣料などの生活物資が増加すると、人口も増加します。ところが、人口は幾何《きか》級数的《きゅうすうてき》に増加するのに対し、生活物資は算術級数的にしか増加しません。

マルサス曰く、人間は子どもをたくさん産むので、人口はいわば倍々ゲーム的に一〇〇人、二〇〇人、四〇〇人、八〇〇人……と増えていきますが、食料の増産は一〇〇人分、二〇〇人分、三〇〇人分、四〇〇人分……というペースでしか増えないというわけです。

これでは、人口の増加ペースに食料生産の増加ペースは追いつくことができず、生活物資の増産以上に人口が増えてしまって、永久に豊かになれません。そこで、人口を増やさないように産児制限などを導入することが重要だという結論になります。

四〇代以上の読者の方であれば、子どもの頃、人口増加による環境の悪化、貧困化を問題視した映画やアニメなどがたくさんあったことを覚えているのではないでしょうか?

一九七三年にアメリカで公開された『ソイレント・グリーン』、一九七二年にアメリカ、一九七三年に日本で公開された『Z.P.G.(Zero Population Growth 邦題:赤ちゃんよ永遠に)』などが、まさにこのテーマに沿った映画です。

一九七七〜七八年に放映された、『惑星ロボ ダンガードA』という日本のアニメ作品にも、「プロメテ計画」という、他の惑星への移住計画が出てきます。なぜ人類が他の惑星に移住しなくてはならないかというと、人口爆発で人類が滅亡してしまうからです。

一九七九〜八〇年の『機動戦士ガンダム』に出てきたスペースコロニーも、まさに増え過ぎた人口に対処するための施設でした。

ところが、二〇〇〇年代になると、人口が減ったらみんな貧しくなって国が滅ぶといった話が出てきました。お馴染みの「人口減少デフレ説」です。この珍妙な説を広めたのが藻谷浩介氏です。もちろん、この説には何の根拠もありません。

経済学的には、人口の減少はむしろインフレの原因になります。戦争などによって極端な人口減少が起これば、モノを作る人も減って、生産能力が落ち込みます。生産能力が落ちれば、当然、物資が不足します。ところが死んだ人の資産は生き残った人が相続しますので、お金の総量は変わりません。結果的に、モノが減ってお金が現状維持なので、モノの値段が上がります。まさにこれが物価の上昇（インフレ）です。

インフレが発生すると政府債務問題を解決する道が開けます。なぜなら、インフレが起こると債務の実質的な負担が減少するからです。仮に、日銀が目標に掲げる二％の物価上昇を達成した場合、日本政府の債務負担は三五年で半減します。

「公債のドーマー条件」を思い出してください。名目成長率が国債の名目利子率を上回る限り、債務は維持可能です。名目成長率は実質成長率と物価上昇率の和です。

■名目ＧＤＰ成長率＞名目公債利子率
■名目ＧＤＰ成長率＝実質成長率＋物価上昇率

物価上昇率が二％ということは、名目成長率が二％嵩《かさ》上げされることを意味します。日本経済が、毎年複利で二％ずつ成長すると、三五年後に名目ＧＤＰの規模は二倍になる。

もちろん、こういう考え方に対して反論もあります。よくあるのは「物価上昇率が二%を超えても、たちどころに金利が上がって帳消しになる」というものです。これは「日本債券村」というゾンビ村に伝わる呪《のろ》いの伝説です。

世界各国で、デフレに陥らないため、大規模な金融緩和が実施されました。もし呪いの伝説が正しいなら、いま頃とっくに世界中で金利が高騰しているはずです。ところが実際に起こったのは、これとは正反対のことでした。

実は、戦前の世界恐慌からの脱却過程でも、同じような金融緩和が行われました。が、金利はなかなか上昇しませんでした。何を隠そう歴史上、デフレからの脱却過程において、急激な金利の上昇など起こったことがないのです。

大体、デフレというのはお金不足で、中央銀行はそれを解消するために大量の貨幣を供給しなければなりません。金利というのはお金の値段ですから、お金が不足すれば高くなり、お金が大量に供給されていたら低くなるのです。

人口減少は、経済学的にはインフレの原因になるので、債務の維持可能性にプラスに働く。そして、量的緩和が終わっても金利はなかなか上がりません。どうやら人口減少によって日本経済は破綻するどころか、健全化してしまいそうな勢いです。藻谷氏の本は、「売れている本に必ずしも正しいことが書いてあるとは限らない」という教訓を与えてくれました。

Q16 二〇一五年に安保法制が国会を通過したので、軍事費は増大し、さらに戦争にも加わって、日本は財政破綻するのではないでしょうか？

A16 いいえ、日米同盟強化によって、かえって戦争になる確率が下がりました。

同盟関係で四割下がる戦争の危険

ブルース・ラセット（イェール大学）とジョン・オニール（アラバマ大学）は、一八二三年から世界で起こった九五の国家間戦争（のべ三三七ヵ国が参加）のデータをまとめた「戦争の相関プロジェクト（COW: the Correlates of War Project）」を分析し、二〇〇一年に『Triangulating Peace』という本を出版しました。日本語訳が出ていないこの本を日本に紹介したのは、嘉悦大学教授の髙橋洋一氏です。

髙橋氏はこの本に書かれている結論を、「ダイヤモンド・オンライン」で、次のようにまとめています。

〈具体的にいえば、きちんとした同盟関係をむすぶことで四〇%、相対的な軍事力が一定割合（標準偏差分、以下同じ）増すことで三六%、民主主義の程度が一定割合増すことで三三%、経済的依存関係が一定割合増加することで四三%、国際的組織加入が一定割合増加することで二四%、それぞれ戦争のリスクを減少させるという（同書一七一ページ）〉

きちんとした同盟を結ぶことで、戦争のリスクが四〇%も下がるのです。なぜなら、軍事同盟は敵対する勢力に対して、大きな反撃リスクを意識させるため、それが抑止力となって、戦争が起こりにくくなるからです。また軍事同盟によって、少なくとも同盟国同士の戦争は起こりません。

安保法制が国会を通過したことで日米同盟は強化されました。むしろ戦争のリスクは以前より下がったということです。戦争が起こらなければ、軍事費も増えることはなく、財政破綻は起こりようがありません。ここで議論は終わりです。

しかし、これではつまらないので、百歩譲って「戦争は始まらないけれど日本の防衛費が増加する」ケースについて考えてみましょう。

イスラエルから見た日本国憲法は

たとえば、日本の防衛費が現在の二倍に増加したら、その負担で経済破綻するでしょうか？　図表32は各国の国防費がGDPに占める割合を表したものです。

中国の国防費は、統計がデタラメである可能性が高いので無視しましょう。するとヨーロッパ諸国の国防費はGDP比二％前後、アメリカはさすがに超大国なので四％となっています。これに対して日本の防衛費はGDP比一％未満です。

仮に日本の防衛費が二倍になったとしても、イギリスやフランスと同じぐらいです。では、これらの国々は、軍事費の増大で財政破綻が起こりそうなのでしょうか？まったくアテにならない国債の格付けではありますが、格付会社によれば、英仏ともに日本より国債の格付けは上です。自衛隊が現在の二倍の規模になったら即座に財政破綻する、ということはなさそうです。

安保法制によって、自衛隊の規模が即座に二倍以上になることはありません。むしろ社会保障費の圧迫を受けて、日本の防衛費は長年にわたって削減の対象でした。現実には、軍事大国への道はかなり遠のいています。

どうも、私たちはマスコミの報道などによって、本来考えるべき安保法制の問題から目を

図表32　主要国の国防費（2012年度）

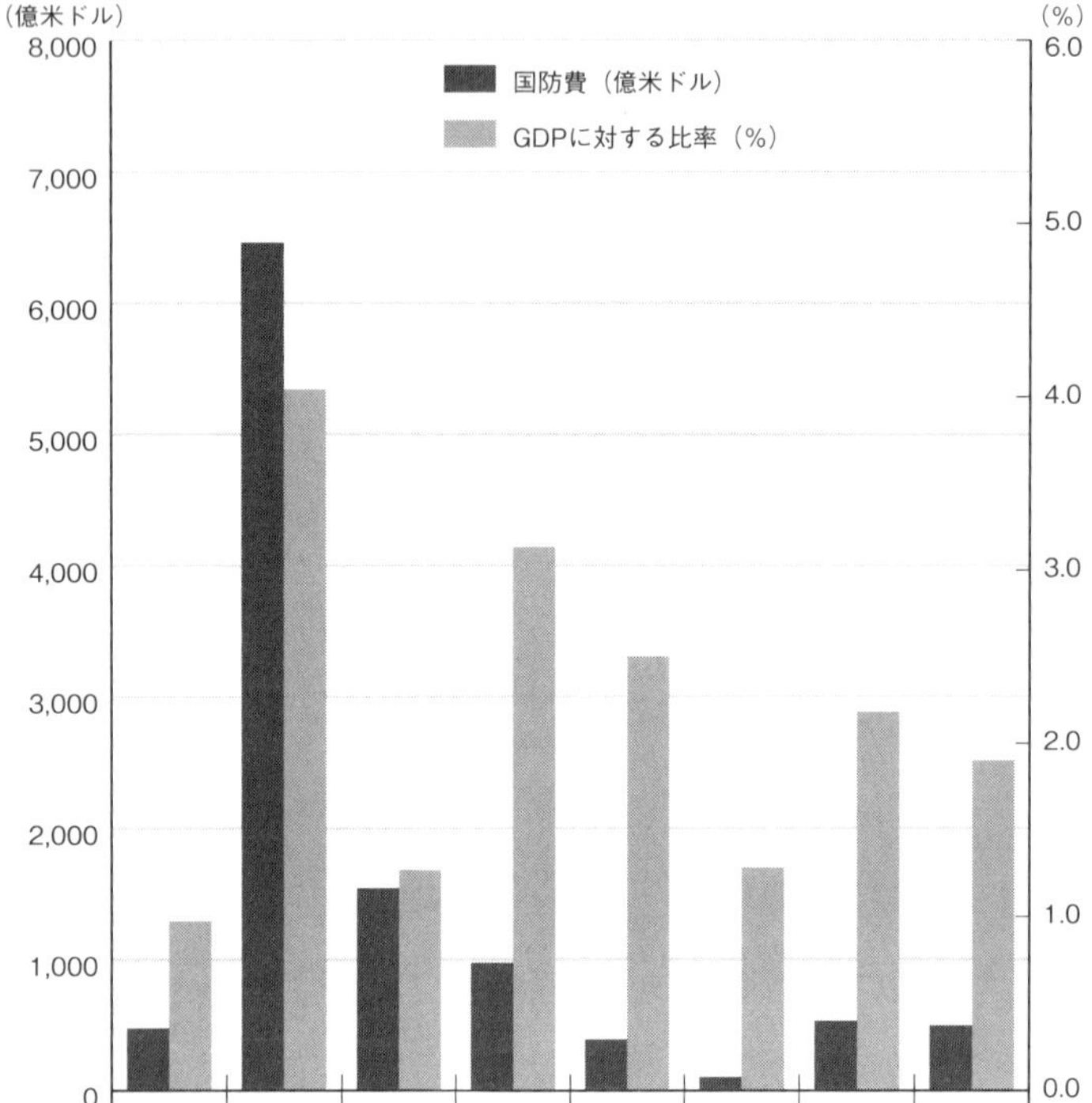

	日本	米国	中国	ロシア	韓国	オーストラリア	英国	フランス
国防費（億米ドル）	444	6,509	1,537	999	389	164	497	452
GDP比（%）	0.97	4.0	1.3	3.1	2.6	1.4	2.2	1.9

（注）1　国防費については、各国発表資料によるものであり、ドル換算については購買力平価（OECD公式HP公表値［2014年4月時点］）を用いている。
「1米ドル＝104.684687円＝4.230683元＝18.488463ルーブル＝847.93237ウォン＝1.481086豪ドル＝0.689656ポンド＝0.84096ユーロ（仏）」
2　GDPに対する比率については、各国政府などが発表している数値を元に計算している。

出所：平成26年版「防衛白書」

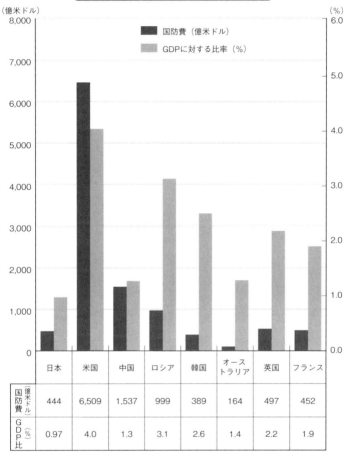

逸らされていたようです。野党とマスコミが「戦争法案だ！」とレッテルを貼り、まともな議論をまったくしなかったことが原因です。

憲法解釈を巡るこの手の議論は、一言でまとめると、「昔決めたルールが時代の変化に対応できなくなったとき、どのようにその矛盾《むじゅん》を解消するか」という問題に集約されます。現実に対処できるようにルールそのものを改正すべきだという原則論と、ルールを変えずに解釈だけで十分だという現実論の対立と言い換えてもいいでしょう。

日本国憲法の解釈を巡る問題は、もはや宗教論争の領域に至っている感があります。それならば、いっそのこと、実際の宗教が経典とその解釈の問題をどのように解決してきたのか、その先例に学んだほうがいいかもしれません。たとえば厳しい戒律で知られるユダヤ教には、週に一度の安息日が定められています。金曜日の日没から土曜日の日没まで、一切の仕事は禁止され、人々は神を讃《たた》えるお祭りに参加しなければいけません。

もし旧約聖書に書いてあることを杓子定規《しゃくしじょうぎ》に運用すれば、安息日には、軍隊も、警察も、消防も、病院も、すべて休業しなければなりません。しかし、安息日を狙って異民族が攻撃を仕掛けてきたらどうなるでしょう？　軍隊も警察も休みだったら、ユダヤ人は皆殺しにされてしまいます。そこでユダヤ人は議論をして、聖書の内容を解釈しました。

旧約聖書には確かに安息日について書いてありますが、それはあくまで神を讃えるという目的のための手段に過ぎません。もし、軍隊や警察や消防や病院まで安息日を徹底してしまうと、神を讃える民族が全滅する可能性が高くなります。そんなことを神が喜ぶはずはありません。

――神を讃える安息日を平穏に過ごすために、危機管理に関わる人間をむしろ例外として扱い、神を讃える人々をしっかり守り抜くほうが、本来、旧約聖書が想定していることになうのではないか?

このような新しい解釈によって、現在のイスラエルでは、軍隊、警察、消防、病院などで働く人は安息日の例外となっています。旧約聖書に書いてあることは絶対に変更できませんが、解釈によって現実に対応し、結果的に神を讃える人々を滅亡から守っているのです。

この考えを日本国憲法にも適用してみたらどうでしょう?「憲法典」が謳《うた》う平和主義や人権尊重という素晴らしい理念を実現するために、日本国の領域は外国から守られなければなりません。なぜなら、日本という国が滅んでしまったら、その理念を実現する国が消えてしまうからです。だとしたら、「憲法典」に何が書いてあろうと、国家の自衛権を否定することは不可能です。

問題は、それを実現するための手段をどこまで認めるか、ということです。しかし、それについての答えは、時代や環境によって変わります。たとえば、現代の国家間の争いは、軍隊が対峙《たいじ》して弾を撃ち合うような単純なものではなく、不法移民に見せかけて武装ゲリラを上陸させたり、サイバー攻撃によって敵国のインフラを破壊したり、戦争と犯罪の中間のグレーゾーンのような事態もたくさん想定されます。もちろん、こうしたグレーゾーンは日本国憲法が書かれた時点で想定されていませんでした。

だとしたら、私たちはユダヤ教徒のように法典を積極的に解釈し、本来の目的を達成するための手段を柔軟に選択していくべきではないでしょうか？　日本国憲法という「憲法典」は、日本人の歴史、文化、伝統といったものを総合した日本の「憲法」という大きな氷山の一角でしかありません。「憲法典」には書いてなくても、「憲法」が当然想定している常識というものが、この国にはあるのです。

本来必要だった安保法制をめぐる憲法論議とは、こういうものでした。ところが、マスコミはどんな報道をしていたか？　まるで見当違いのデタラメばかり報道していましたよね？「徴兵制が復活する」とか、「日本が近隣諸国を侵略する」とか……まさに噴飯《ふんぱん》もののバカな議論が新聞紙上を席巻《せっけん》しました。これは本当に恐ろしいことです。

日本が抱える様々な問題について考えるとき、マスコミだけを情報源とする危険性に、ぜひお気づきください。そして、マスコミ情報を鵜呑みにせず、常に批判的に読むことをお勧めしたいと思います。

Q17 政治家がバラマキを止めない限り、財政は健全化しないのでしょうか？

A17 いいえ、バラマキそのものが悪いのではなく、その中身が問題です。通常は採算性をB／C（費用便益分析）で判断できますし、現在の金利と経済状況を考えると、財政出動を増やして景気を良くしたほうが、税収が伸びて財政状態も改善します。

財政政策が有効になる条件

ノーベル経済学賞を受賞した経済学者のポール・クルーグマン氏は、「政府も民間もお金を使わなければお金を使う人が誰もいなくなり、そんな状況では誰も収入を得られない」と述べています。誰もお金を得られない状況では、景気も悪くなり、税金を払う人もいません。失業者と赤字の法人は税金を払いませんから。つまり、景気が悪いまま財政が健全化することは絶対にありません。

確かに、税収を増やすために政府が支出を増やすという考え方は、私たちの「庶民感覚」

とは逆です。借金が多くて返済に困っている人は、支出を極限まで切り詰めて返済に回すのが正しいように思えます。

しかし、政府の財政と個人のやり繰りは前提となる条件が違います。政府は、国民が働いてお金を儲けるようになれば、何もしなくても、それだけで税収増の恩恵を受けることができます。よって多少の財政支出をしたとしても、それを埋めて余りある経済の活性化があれば、「元が取れる」のです。

政府の財政政策「一」の支出に対して、それよりも多くの効果が生まれることを「乗数効果」といいます。一九七〇年ごろまで、乗数効果は「三」以上ありましたが、一九七一年のニクソンショック以降、乗数効果はどんどん減り、現在は「一」しかないといわれます。乗数効果「一」とは、一〇兆円の景気対策で一〇兆円の効果しかないということ。ニクソンショック以降、日本は変動相場制に移行したので、財政政策の効果は大幅に低下しました。

この点について、日銀審議委員の原田《はらだ》泰《ゆたか》氏が二〇一一年に行った簡単なシミュレーションがありますのでご紹介します。

〈前提〉

二〇一〇年度末で公債残高が六三七兆円、一〇年度の名目ＧＤＰは四七四兆円

景気対策を行う前の公債残高対GDPの比率は、六三七÷四七四×一〇〇＝一三四・四％
①一〇兆円の公債を発行して、一〇兆円の景気刺激を行う
②仮に乗数効果が一だったとすると、公債残高は一〇兆円増えて、六四七兆円になるが、GDPも一〇兆円増えて四八四兆円になる

〈結論〉
景気対策を行った後の公債残高対GDPの比率は、六四七÷四八四×一〇〇＝一三三・七％
わずか〇・七％だけだが比率は縮小する

政府は毎年さまざまな財政政策を行っています。よって、もしこの簡単なシミュレーションが事実だとすれば、毎年の公債残高を名目GDPで割った値は徐々に減っていくはずです。ところが実際にデータを取ってみると、一九七〇年ごろからその数値は右肩上がりです。ということは、公債残高が一〇兆円増えても、名目GDPは一〇兆円増えていない、つまり、乗数効果は「一」を下回っているということになります（図表33）。

一〇兆円の財政政策が一〇兆円の効果を生まないというのは、たいへん不思議なことのよ

図表33　公債残高の増分、名目GDPの増分、公債残高対名目GDP比率の推移

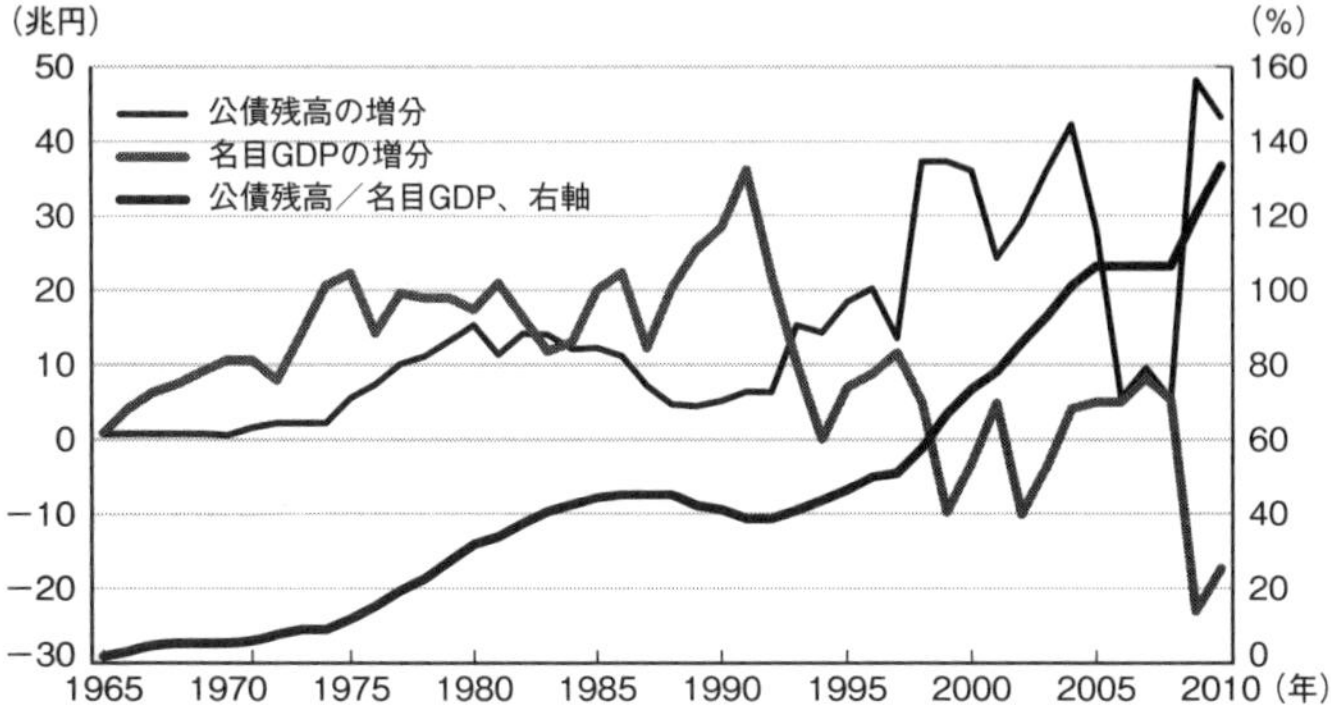

（データ）財務省「日本の財政関係資料（平成22年）」、内閣府経済社会総合研究所「国民経済計算」
（注）1980年までの公債残高の平成21年版の数値を使用。名目GDPについては新旧の系列を80年で接続している。

出所：東京財団政策研究提言　「乗数効果はなぜ小さいのか」

うに思えます。原田氏はその原因として、「マンデル＝フレミング・モデルの帰結」と、「政府支出があまりにも非効率で、乗数がゼロに近いという可能性」という点を挙げています。

「マンデル＝フレミング・モデルの帰結」とは、「変動為替制度の国において、金融緩和なくして財政支出を拡大させると、金利（実質金利）が上昇して自国通貨高になり、結果、輸出不振に陥り、財政拡大の効果が打ち消される」というものです。

デフレ時代にいくら景気対策をやっても、日銀が引き締め気味の政策スタンスを改めなかったために効果がなかったのは、そのためです。ただし、二〇一三年以降、日銀は大規模な金融緩和を実施したので、現在この点に

ついてはクリアしているといえます。

消費税減税も良いバラマキになる

では「政府支出があまりにも非効率で、乗数がゼロに近いという可能性」という点についてはどうでしょう。一般的にバラマキには、良いバラマキと悪いバラマキがあります。

たとえば熊本《くまもと》地震で被害を受けた地域のインフラを復旧すれば、その地域の工場が再稼働し、人々が働き始めるため、税収という大きなリターンが得られます。

これに対して宮城県気仙沼《けせんぬま》市の小泉《こいずみ》地区のように、すでに海岸地域に暮らす住民の高台移転が終わって誰も住んでいない場所に巨大堤防を建設しても、大きなリターンは望めません。小泉海岸は風光明媚《めいび》な場所で、夏は多くの観光客でにぎわいます。そんな観光地に巨大堤防を作ったら、むしろビジネスチャンスが失われ、税収というリターンも減ってしまいます。

前述の原田氏はこの点について次のように述べています。

〈特に九〇年代以降行ってきた政府支出があまりにも非効率で、乗数がゼロに近いという可能性である。この可能性も高い。確かに、客の来ない、目的のはっきりしない多目的ホール、博物館などの箱物（はこもの）を作れば、乗数は小さいだろう。なるほど、箱物を作れば、その工事代金は今年のＧＤＰには計上される。しかし、翌年のＧＤＰはまったく増えない〉

公共事業は多くの利害関係者の意見が対立する場合が多く、合意の形成に時間がかかります。地方自治体は甘い需要予測に基づいて分不相応の施設を作り、低い稼働率と維持管理コストに苦しんできました。こうした施設を作る資金は、もともと国が補助金でバラマいたもの。これらはすべて悪いバラマキです。

本来なら、民間企業のようにドライに費用対効果をＢ／Ｃで計算して、金銭的なメリットがあればやる、なければやらない、というやり方で公共事業を進めるべきです。が、政治的な理由で、なかなかそれができないのも現実です。

では発想を変えて、公共事業以外の財政支出を考えるというのも、一つの手ではないでしょうか？

財政政策には、公共事業以外にも、減税や補助金といった多様な手段があります。これら給付型のバラマキの良い点は、直接国民にお金を配って、何に使うべきか自由に決めてもらう、という点です。つまり、国民が必要なサービスをたくさん買うことで、マーケットに選ばれた強い産業への効率的な補助金にもなるのです。少数の官僚が有望産業を探すより、ずっと効率的でしょう。

もちろん給付型のバラマキの場合、人々が将来的な景気の悪化を見越して、支給したお金を使わずに溜め込んでしまうリスクもあります。特定の目的に使える期限付きの金券（バウチャー）などを導入するなど、工夫《くふう》が必要かもしれません。

二〇一四年四月の消費税増税は、いわば日本経済に大きなマイナスをもたらした財政政策でした。単純に消費税を減税して五％に戻すという方法も、一つのバラマキです。低迷した消費の起爆剤としては、大きな効果を発揮するでしょう。

そのことで結果的に名目GDPが増えれば、政府はバラマキという投資に見合ったリターンを得られます。財政状態も当然のことながら好転するでしょう。

バラマキというのはあくまでも手段であって、それ自体が良いか悪いかを考えても、意味がありません。これまでもバラマキという手段そのものが悪いのではなく、その使い方に問題があったのです。

消費税増税によって低迷した景気を回復させるために、むしろ政府は椀飯《おうばん》振《ぶ》る舞《ま》いをするべきです。景気が良くなれば税収が増えて、十分元がとれるのですから。

Q18

では、政府はいくら無駄遣いしても絶対に破産しないのでしょうか？

A18

はい、理論的にはどこまでやっても破産しません。ただし、「国民が政府を信認する限り」という条件が付きます。

経済法則を無視した白川日銀総裁

簡単な思考実験をしましょう。景気が極端に悪い状態を想像します。民主党政権のときよりもっと悪い、究極の状態です。民間の需要はゼロ。何をやってもまったく景気が上向かず、円高と株安が極限まで進んでいる、そんな最悪の状態を想像してください。

こういうとき、将来もっと悪いことが起こるかもしれないと考えて、個人も企業もお金を使いません。そして少しでも儲かれば、ただひたすらお金を溜め込みます。

溜め込んだお金は一部タンス預金される場合もありますが、大半は銀行の普通預金に預け入れられます。しかし、ここで問題が生じます。

銀行は本来貸し出しをして金利を取ることで利益を上げています。ところが民間の需要がゼロなので、ロクな貸出先がありません。市場で運用しようにも、円高株安で元本を維持することすら難しい状況です。このままでは預金者に金利が払えません。

そんなとき、素晴らしい商品が見つかりました。円建て、元本保証、確定利回りの超優良商品、その名は……日本国債です！

金融機関は運用難から大量の国債を買い込みます。買い手が増えるので、国債の金利は下がります。これを好機と見た政府は、景気対策を実施するため、さらにたくさんの国債を発行します。

民間の需要がゼロなので、政府は調達した資金を使って、大規模な景気対策を実施します。たとえば、道路工事とか、老人ホームへの補助金など。こうすることで、道路の建設会社や老人ホームの運営会社に売り上げが立ちます。その売り上げから従業員は給料などの分配を受け、下請け会社に代金が支払われ、会社にも一定の利益が残ります。

すると景気は一時的には良くなりますが、なぜか日本はさらなる円高に見舞われ、再び景気が悪化してしまいます。実は、金融政策のサポートなしに財政政策を実施しても、先述の「マンデル＝フレミング効果」によって相殺《そうさい》されてしまうのです。

つまり、こういうことです。政府が国債を売却すると民間から資金が政府に吸い上げられます。そのため、民間の市場が資金不足になり、円の値段が高くなる、つまり円高が発生するわけです。もちろん、このとき日銀が政府と協調してお金をたくさん刷って民間の市場に供給すれば、円高を防ぐことができます。

しかし、二〇一三年に退任するまで、日銀の白川方明《しらかわまさあき》総裁は頑としてこれを行いませんでした。政府の景気対策を台なしにしたかったのでしょう。一体、誰の命令でやっていたのかは分かりません。もし、それが海の向こうの日本を滅ぼしたい国の命令だったとしたら、たいへん恐ろしいことです。

景気対策には絶対必要な金融緩和

さて、円高によって景気対策がぶち壊しになってしまうと、政府は翌年も景気対策を実施する必要に迫られます。民間需要はゼロですから、それを実施しなければ企業は倒産し、失業が増加してしまいます。

そこで、政府は再び大量の国債を発行して、資金を調達しようとします。相変わらず景気が悪ければ、当然、運用難も続くため、意外にも国債を買う人は後を絶ちません。特に、前年の公共事業で少し儲けた個人や企業が大量の国債を買ってくれます。集まった資金を使って、再び政府は公共事業を実施します。

しかし、再び「マンデル＝フレミング効果」が発動！　まだまだ景気は良くなりません。政府は再び……（以下略）。

さて、こんなことを繰り返していくと最終的にどうなるか考えてみましょう。

一四四ページの図表34・上図は日銀の資金循環統計（二〇一五年三月末）をグラフ化したものです。日本全体で資産は七七五一兆円、負債が七七四八兆円あります。右側の負債に、グラフ上には反映されていない日銀の資産三兆円を加えると、資産と負債がバランスするようになっています。

日本全体の負債が七七四八兆円もあるというのを見て驚いた人も多いでしょう。政府債務が一〇〇〇兆円などとマスコミは囃《はや》し立てますが、民間も含めた債務全体はその七倍以上。なぜ、これが問題にならないのかツッコミたくなりますが、話を先に進めましょう。

景気の低迷が続くと、投資をしてもリターンが期待できないため、民間企業がリスクを取りません。民間企業がリスクを取らなければ、借り入れは増えません。そこで政府が代わりに借りて、景気対策を実施します。

この状況を先ほどのグラフに当てはめてみましょう。民間企業や個人が資金を借りず、政府だけが資金を借り入れて、国債残高が増えるということは、負債内訳の「一般政府」という部分の増加を意味します。これに対して、民間に当たる「家計」「非金融法人企業」「金融機関」などの部分は減少します。

ちなみに「海外」というのは、海外の人が日本に持っている資産と負債、という意味です。海外の人が日本に持っている負債のほうが多いということは、日本が海外に貸している、つまり対外純債権がある、ということになります。

国内の民間需要がゼロという状態は、図表34・下図のようになります。政府に貸すか海外に貸す以外にお金を貸し出す先もないため、貸借対照表の右側に示したお金の借り手は、ほとんど政府（＝一般政府）になってしまいました。

つまり、海外に貸し付ける以外のすべての国内資金は政府に吸収されました。この段階になると、すべての仕事は政府を通じて発注されます。民間業者は政府から仕事をもらいます。さらに、会社の利益や個人の給料が金融機関に預けられても、そのお金は金融機関を通じて全額国債の購入に回ってしまいます。

もちろん国債の売却益で、政府は再び公共事業を行って民間にお金をばら撒《ま》きます。しかし、ばら撒いたお金は結局、金融機関の国債購入を通じて、再び政府に戻ってきます。あとはひたすらこれを繰り返すだけという状態が続く……ここまで来ると、あらゆる事業が政府に所有された状態であり、まさに社会主義となります。この状態は一体いつまで持つのでしょうか？

図表34　日銀資金循環統計（2015年3月末日）

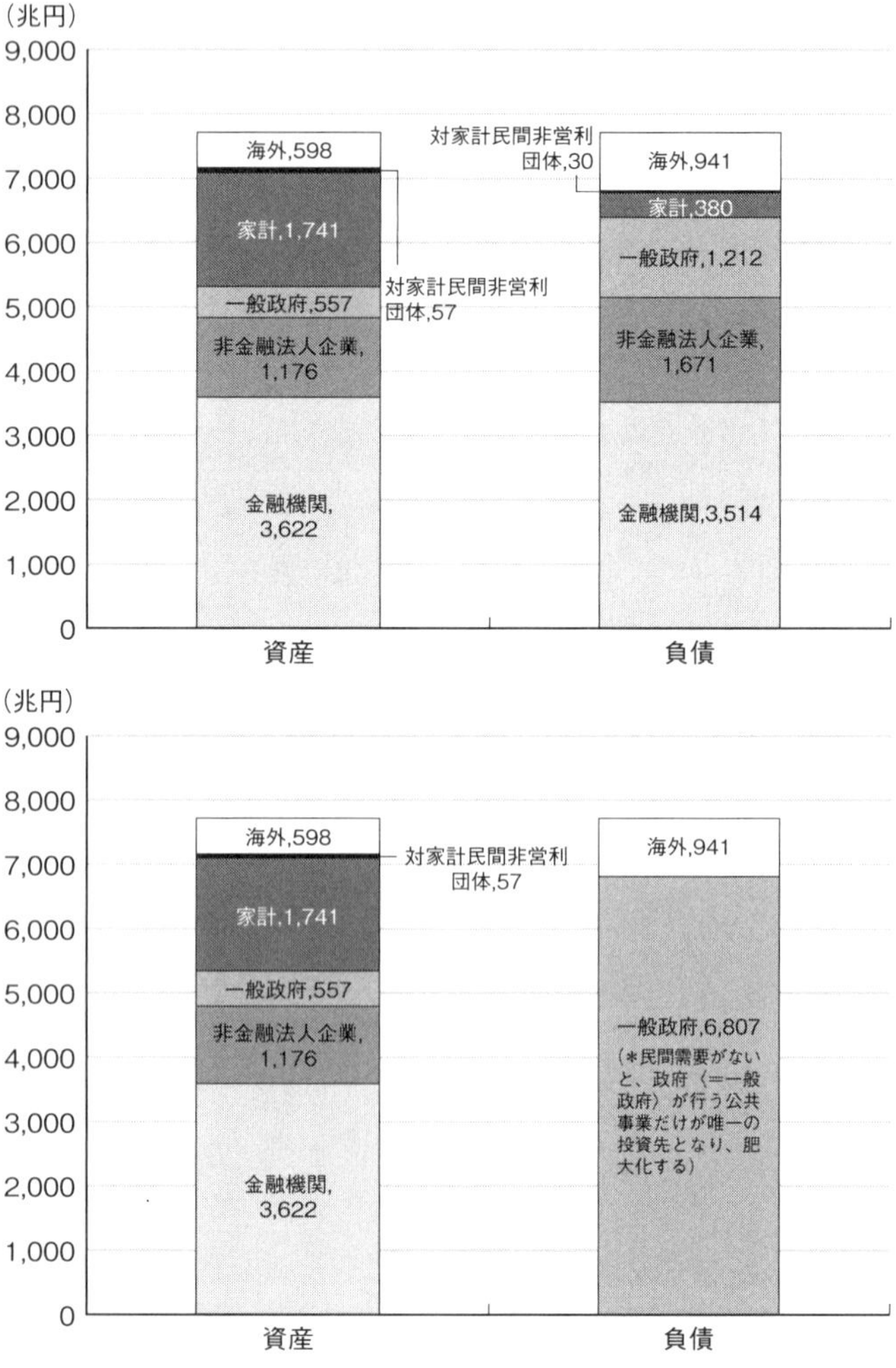

出所：日本銀行

かつて存在した社会主義国は、実際に、この「究極の無駄遣い状態」に陥っていました。歴史をたどれば分かる通り、どの国も一〇〇年は持ちませんでした。ソ連は約七〇年で滅んでいます。

政府による財政政策というのは、あくまでも民間の消費や投資の起爆剤です。最終的には民間の投資や消費への意欲が喚起されない限り、どんな景気対策も失敗します。逆にいえば、それが仮に無駄遣いに見える政策であっても、結果的に投資と消費が盛り上がれば、それは正しい政策だということもできます。政府の無駄遣いの定義は、あらかじめ決まったものではなく、その政策の効果をもって決めるべきなのです。

また、財政政策のみの景気対策には、先述の「マンデル＝フレミング効果」の壁が立ちはだかります。効果のある景気対策を実施するには、日銀による金融政策のアシストも絶対に必要となります。

ところが、アベノミクス以前の景気対策で金融政策のアシストが得られたのは、唯一、小《こ》泉《いずみ》純《じゅん》一郎《いちろう》内閣のときだけでした。

「政府の無駄遣い」とは、効果のない政策に莫大な費用を投入することです。そういうことを続ければ、日本もソ連のように滅びてしまうかもしれません。だからこそ、経済学の知見に基づいた正しい景気対策こそが求められます。

Q19 政府だけでなく、地方自治体の財政も火の車です。自治体の連鎖破綻が国家の破綻につながったりはしないでしょうか？

A19 いいえ、つながりません。地方自治体の破綻処理のスキームは確立しています。しかも、日銀がマイナス金利を導入した現在、究極の解決法もあります。

貧乏自治体はお金で負債を買う？

地方自治体が財政危機に陥るパターンはどこでもだいたい同じです。フィナンシャルリテラシー教育の名著『金持ち父さん　貧乏父さん』の著者であるロバート・キヨサキ氏は、「金持ちはお金を出して資産を買う、貧乏人はお金を出して負債を買う」といいました。「資産とはキャッシュを産むもの、負債とはキャッシュを食うもの」です。

これは何も個人に限った話ではありません。金持ち自治体はキャッシュを産む資産を持っているのに対して、貧乏自治体はお金を出して負債を買い、キャッシュを食われ続けています。

地方自治体を苦しめている負債の正体は「墓標」（エリア・イノベーション・アライアンス代表の木下《きのした》斉《ひとし》氏が提唱した言葉）とも呼ばれる悪魔の施設です。

「墓標」とは、地域再生の切り札として建てられた巨大な施設のこと。具体的には、多額の補助金をもらって甘い需要予測を元に建てられた建物や道路、ゆるキャラなどを指します。これらは大抵、当初の計画通りの利益を生むことはなく、ひたすら税金を食い続けるお荷物になります。そして、最後には地域社会を巻き込んで潰れていくという最悪の負債です。

たとえば、ＪＲ青森駅前に複合商業施設として建設された「アウガ」には二〇〇億円以上の税金が投入されましたが、毎年、赤字を重ねています。

そもそも「アウガ」が失敗することは建設当初から決まっていました。テナントとして進出予定だった西武百貨店がバブル崩壊による経営難で撤退したのに、計画を縮小することなく強行……それが運の尽きでした。建物が完成して以来一五年にわたって一度も黒字になったことがありません。まさに負債という名にふさわしい最悪のお荷物となりました。

そして、二〇一五年度の店頭売上高は過去最低の約一四億一四〇〇万円となり、最低記録だった前年度を約一億五〇〇〇万円下回りました。買い物客も約六万七〇〇〇人減の約七七万七〇〇〇人（前年度比九二・一％）となり、これも過去最低です。

当初、「アウガ」は中心市街地活性化の切り札として全国的に注目を集める施設でしたが、いまでは誰がどう見ても派手な失敗にしか見えません。最近では、「無駄遣いばかりしていると『アウガ』みたいになるぞ！」などといわれ、別の意味で注目が集まっているとも聞きます。

二〇一六年に入ってから、青森市の鹿内博《しかないひろし》市長は、商業施設としての「アウガ」の再生を断念し、新築予定の新庁舎の規模を圧縮し、市役所機能の一部を移転する方針案を表明しました。ところが、この方針が二転三転、未だに何がしたいのかよく分かりません。一度「墓標」を作ってしまうと、取り壊すことも難しく、ひたすら税金ばかりが燃えていくという生き地獄が始まるのです。

……二〇一六年六月二九日、鹿内市長は、迷走を続けるアウガ処理問題の責任を取って、突如、辞意を表明しました。

確かに、日本はいま「墓標」だらけです。代表的なものだけでも、甲府市の「ココリ」、北九州市の「コムシティ」、岡山県津山市にある「アルネ津山」など、全国各地、いたるところに存在しています。

そもそも「墓標」が生まれている原因は、国からの補助金です。地方自治体は、補助金がもらえるから、無理して必要のない施設を作ります。補助金をゲットするため、怪しげなコンサルタントも跋扈《ばっこ》しています。

ところが、建てるときには出る補助金も、運営するほうには出ません。結局、建設費の四～五倍はかかるという運営費で、赤字になってしまうのです。

まさに、「お金を出して負債を買う」を実践する貧乏自治体は、みんなこのパターンにハマっています。

これだけいい加減なことをやっていれば、確かに地方財政は破綻するかもしれません。それを回避する方法は二つです。一つはもうこれ以上「墓標」を作らせないこと。そして、もう一つは、これまで作ってしまった墓標および債務を処理することです。

まず一つ目については、もう答えが出ています。政府が補助金の査定を厳しくしたり、補助金そのものを廃止したりしてしまえば、「墓標」はこれ以上増殖できません。あとはそれをやるかどうか、政治的な意思の問題でしかありません。

実際に、自治体レベルでこれを実践しているところもあります。たとえば、千葉市は長らく「墓標」となっていた千葉市ユースホステルとキャンプ場を「R.Project」という民間会社に貸し出しました。

「R.Project」は民間企業の自由な発想で、この施設をリノベーションし、さらにサービス内容などをガラっと変えました。たとえば、それまでアルコール禁止だったのを解禁したり、バーベキュー場をきれいに整備したうえで「手ぶらバーベキュー」のサービスを始めたり、オートキャンプができるように林道を拡張したり、数え切れないほどの経営努力がなされました。

その結果、キャンプ場の利用者は七倍増となり、利益が出た分だけこの施設からの税収も増加しました。しかも契約で、千葉市は、それまで年間三〇〇〇万円もの委託管理料を支払っていたものを、逆に四〇〇万円の賃料をもらえるように変わりました。まさに負債が資産に化けたといってもいいでしょう。

こうした事例は現在、全国で増え始めており、「墓標」化している施設を再生する事業としても注目されています。

日銀を使った債務問題の解決法

では、次にこれまで積み上げた債務の問題はどう解決するかについて考えてみましょう。非常に荒っぽい方法ですが、いまこのタイミングだからこそできる一発解決の方法があります。

現在、日銀は、デフレ脱却を図るため大規模な金融緩和を実施しています。具体的には年間八〇兆円の国債を買い入れることで市場にお金を供給し、デフレというお金不足を解消しようとしています。ところが、いま日本政府が発行する国債は、一年間で約一六〇兆円です。国債という金融商品は民間の金融機関でも必要なため、日銀が全部買い占めるわけにはいきません。そこで、八〇兆円ぐらいが限界だという噂《うわさ》が市場に流れ始めました。

もちろん政府と日銀が協調すれば、国債の発行と引き受けに限界などありません。ただ、現行の枠組みを変えるのに少し時間がかかります。そこで、それまでのつなぎ措置として、地方自治体が発行する地方債を購入するというのはどうでしょうか？

たとえば、財政破綻で有名な夕張《ゆうばり》市が新たに一〇年満期の「財政再建債（仮）」を発行し、それを日銀が全額引き受けます。夕張市のＨＰにある「借金時計」によると、二〇一六年五月六日現在の債務残高は二五六億円なので、キリのいいところで二六〇億円分の債券を日銀に引き受けさせましょう。夕張市は日銀から得た資金で、民間の金融機関からの借り入れを返済します。

さて、ここでポイントです。いま日銀はマイナス金利を実施しています。このスキームのように民間の金融機関の債務を日銀からの債務に借り換えると、金利がマイナスになる可能性があります。だとすると、日銀からの借入金は、返済しないで持っているだけで日銀から金利がもらえるオイシイ金融商品ということになります。

また、途中で日銀が物価目標の二％を達成してマイナス金利が終わったとしても、特に問題はありません。なぜなら、インフレは借金の実質的な価値を目減りさせるからです。仮に二%のインフレが続くのであれば、約三五年で債務の実質的負担は半減します。夕張市の税収がこれよりも速いペースで減らない限り、何とかなりそうです。

また、最悪、インフレ率を上回るペースで夕張市の税収が悪化したとしても、それでもまだ何とかなります。なぜなら、日銀は夕張市に対して債務免除を行えばいいのです。日銀が地方債を買い入れることでデフレ脱却を達成すれば、そこから得られる税収上のメリットは全国に及びます。結果的に税収が増えて、政府の財政状態も好転します。日銀は政府を盛り立てるための子会社でしかありません。日銀が地方債の債務免除で損失を出しても、トータルで日本全体の経済が良くなるなら、そのコストは正当化することができるのです。

このように、地方自治体が仮に放漫財政を続けたとしても、究極的には、その救済は可能です。また、日本全体に悪影響が及ばないようにする方法も確立しています。

いま新聞を読むと、なんでも財政破綻に結び付けて増税を正当化したい人たちが、地方財政の問題を利用してプロパガンダを行っているように見えます。マスコミは地方活性化などと口ではいいますが、本当はどうでもいいと思っているんでしょうね。まったく恐ろしい話です。

Q20
国債発行残高は約一〇〇〇兆円もあり、これ以上増えたら、ある日突然、投資家が日本国債を売り浴びせるのではないでしょうか？

A20
いいえ、二〇年前から「ある日突然、国債が売り出される」と言い続けている人がいますが、その人には「オオカミおじさん」というあだ名が付きました。それほど、国債の出物は恒常的に不足していて、少しでも利回りのいい国債が出ると多くの人が買いに殺到する状況が続いています。

一〇年間、値上がりを続ける国債

一五四ページの図表35は過去一〇年間の日本の長期国債利回りを表すグラフです。

債券市場では、国債を売りたい人と買いたい人が、自由に価格と数量を決めて取り引きすることができます。「ある日突然」の可能性が高いのであれば、将来を見越して国債のポジションを減らそうとする人が増えてくるはずです。

図表35　日本国債利回りの推移（長期国債先物）

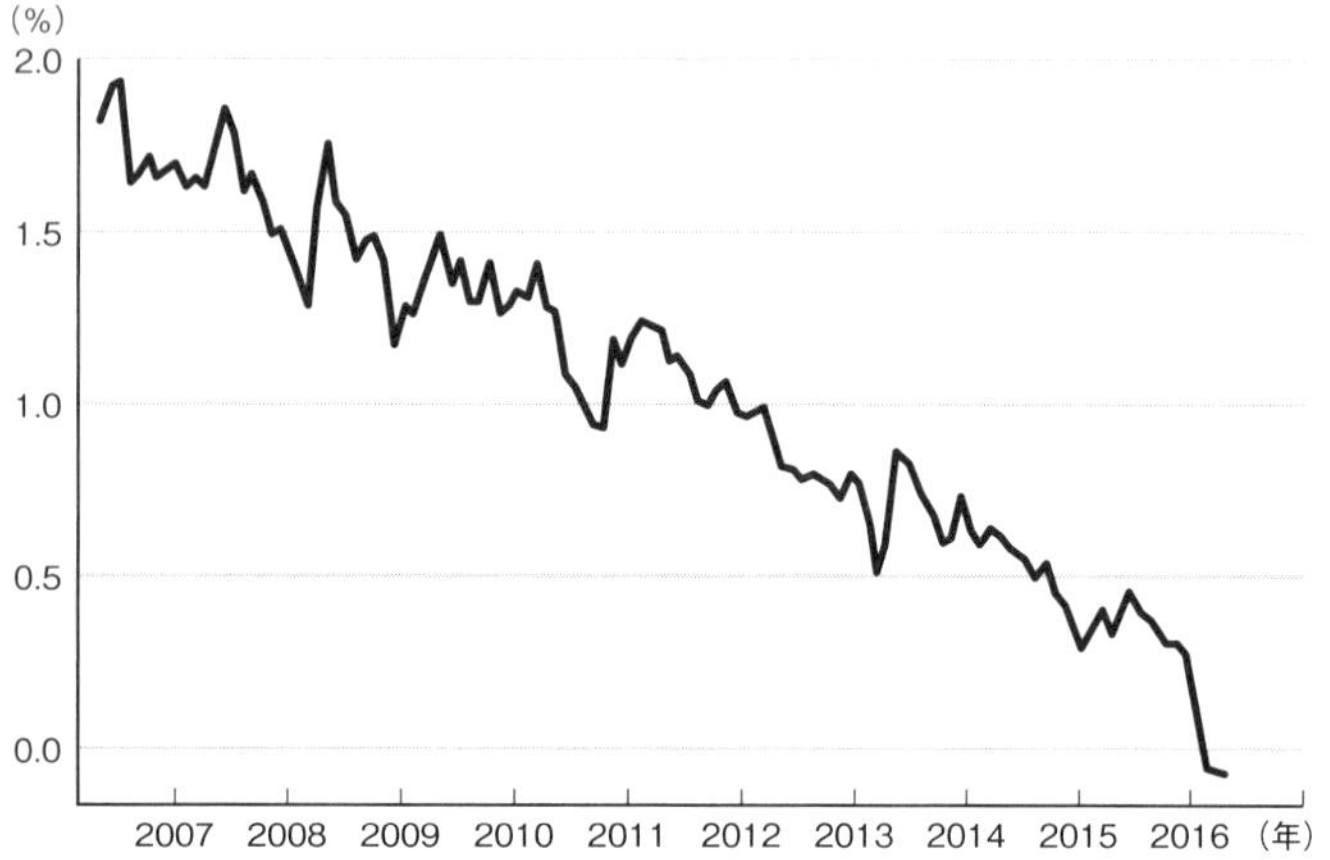

出所：SBI証券

もし国債を売る人が増えれば、国債価格は下がり、利回りは上昇します。ところが、現実はどうでしょう？　図表をご覧いただければわかる通り、国債利回りは過去一〇年間一貫して右肩下がりです。つまりこれは、多くの市場参加者が「ある日突然」が発生する確率は極めて低い、と考えていることの証明となります。

もちろん、債券市場の取引は自由ですから、まもなく「ある日突然」が発生すると考えて、日本国債にビッグショート（売り浴びせ）を仕掛けることも可能です。多くの人がその考えに賛成して追随すれば、売りが売りを呼び、国債価格は暴落します。最初に売った人はタダ同然で買い戻して、ぼろ儲けすることができるでしょう。

実際に、それを狙って日本国債の売り仕掛けを行ったチャレンジャーがいます。リーマンショックが来ることを的中させたと自称しているアメリカ人投資家のカイル・バス氏です。

バス氏は二〇一〇年に日本国債を売りたたくファンドを設立し、二〇一二年の年末には、「日本は一年以内に破産する」と予言。しかし、この時点でバス氏のファンドのパフォーマンスは極めて悪く、この強気の発言とは裏腹に、どんどん損失を積み上げていきます。この発言の約八ヵ月前の二〇一二年四月の時点で、損失は二九％に達していたそうです。

その後、バス氏は日本国債の売りを仕掛けようと必死で努力しますが、その甲斐《かい》もむなしく、二〇一五年五月に敗北宣言をしました。

「ビジネスインサイダー」誌のインタビューに答えて、バス氏は次のように述べています（筆者訳）。

〈俺たちは死ぬほど間違っていた。

俺たちは本当にマジで日本国債売りなんて間違ったことをしてしまった。ただ、円安予想だけは当たった。これだけは神に感謝だ〉

バス氏はアルゼンチン型の国家破産をイメージしていたため、日本国債売りと円売りを組み合わせていたようです。そのため、アベノミクス第一の矢によって超円高が終わって円安になると、通貨に関する投資だけは的中して利益が出たのでしょう。

ただ、国債の取引では大損しているはずなので、どの程度の損失がカバーできたかは不明です。ファンドは閉じられたようなので、損失のほうが多かったのかもしれません。

日本国債は、九割以上、日本人が保有しています。国家破産論者は、「仮に九割の日本人が保有していても、外国人投資家が売り浴びせれば、みながそれに追随し、国債価格は暴落する」といいます。実際にバス氏は、そのシナリオを信じて日本国債を売り浴びせました。

ところがバス氏は、国債を大バーゲンしてくれる人として市場参加者を喜ばせただけ。有《あ》り体《てい》にいえばカモ……日本が破産する前にバス氏のファンドが破産してしまいました。

国家破産論を吹聴《ふいちょう》している日本人は、実は外国人相手に、国債のボッタクリ商法をやっているのかもしれませんね。まったくもって恐ろしいことです。

ただ気を付けなければいけないのは、同じ商法を日本人相手にやっている悪質な業者の存在です。彼らは「日本が破産するので日本の銀行も証券会社も信用できない」などといって恐怖を煽《あお》り、怪しげな投資信託を勧めてきます（目論見書《もくろみしょ》には小さい字で法外な手数料を徴収する条項が書き込まれていたりしますので要注意です）。絶対に騙《だま》されないようにしてください。バス氏のように、日本が破産する前にあなたが破産してしまうかもしれませんよ。

Q21

やはり、日本国の債務残高GDP比が二〇〇%を超えているということは、異常なことではないでしょうか？

A21

いいえ、異常でも何でもありません。

ローンなら年収の六倍は当たり前

たとえば、住宅ローンの返済を抱えた標準的な日本の家庭を想像してみてください。夫婦と子ども二人で年収五〇〇万円の家庭としましょう。三〇〇〇万円の住宅ローンを組んだ場合、債務残高年収比は六〇〇%です。これはよくある話ですね。

年収五〇〇万円といっても、手取り金額はだいたい四〇〇万円ぐらいになります。一二ヵ月で割ると約三四万円……そのなかから毎月の食費や被服費などを捻出して、残りを住宅ローンの返済に充てています。

三〇〇〇万円を三五年ローンで借りた場合、現在の金利は、固定（三五年）で二%ぐらい、変動だと〇・五％ぐらいになります。ざっくり一・五％だと仮定して月々の返済額を計算すると、約九万二〇〇〇円です。

さて、この返済プランで、この家は破産するでしょうか？　多くの人がこれぐらいの住宅ローンを抱え、普通に生活しています。

マイホームに関してはこれぐらいのリスクは平気で取るのに、政府債務の話になるとＧＤＰ比二〇〇％ぐらいでビビってしまうのは、いわゆるダブルスタンダードです。私には、住宅ローンのほうがよほど危なく見えます。

なぜ住宅ローンが危ないかというと、借金をして購入する資産が「住宅」だからです。日本の住宅は、中古になると、ほとんど価値がありません。住宅流通市場においては八五％の出物が新築住宅であり、中古住宅は、たった一五％しか取り引きされていません。

しかも木造住宅の場合、税法上でも、二二年で減価償却が終わります。つまり、ローンを払い終わる頃には、建物の価値はゼロになります。借金を返し終わる頃には土地の価値しかなく、建物は解体コストとしてしか評価されないガラクタになってしまうのです。

鉄筋コンクリートの住宅の場合は、減価償却が終わるまで四七年かかりますが、一〇～一五年ごとに大規模修繕が入りますので、そのコストが上乗せされることを忘れてはいけません。

現在、バブル期に建設された越後湯沢のマンションが格安で販売されているのをご存知でしょうか？　２ＬＤＫの物件が一五万円……などという、信じられない値段もざらに見られます。しかし、安いと思って飛びつくと、大変なことになります。買った瞬間、管理費と修繕積立金が毎月六万円、などという笑えない話があるからです。

つまり、年間でざっくり七二万円のコストを永久に払い続ける義務が、一五万円で売り出されている、ということです。

アメリカの富豪、ロバート・キヨサキはいいました。

「金持ちはお金を出して資産を買う、貧乏人はお金を出して負債を買う」

「資産とはキャッシュを産むもの、負債とはキャッシュを食うもの」

財政危機を煽る新聞の大罪

マイホームは、買った瞬間、金利や維持管理コストが発生します。特に、キャッシュは産みません。つまり、これは負債なのです。そこに年収比六倍ものコストを投入していいのでしょうか？

これに対して、政府債務はどうでしょう？

たとえば、熊本地震で寸断されたインフラを復旧するために投資したとします。道路や電気、ガス、水道が復旧すれば、人々は再び日常生活を取り戻します。それはつまり、経済活動が再開されるということ。モノが売れれば消費税、給料をもらえば所得税、利益が上がれば法人税や事業税など、さまざまな政府の「売り上げ」が上がります。

政府は財政支出という形でお金を投資し、熊本県という資産の投資効率を向上させました。その結果、税収というキャッシュが生まれたのです。こういう使い方ができるのであれば、政府の財政出動は大きなリターンを産むことになります。

リターンに見合った投資である限りは、金額の大きさは関係ありません。たとえば阪神淡路大震災の際に、政府は約一〇兆円の財政出動を行いました。その結果、一九九五年から一九九七年にかけて、日本の景気はやや回復の兆《きざ》しを見せています。

しかし、当時の橋本龍太郎《はしもとりゅうたろう》内閣は、景気回復の兆しが見えただけなのに消費税を増税してしまいました。それは結局、景気に冷や水を浴びせることになり、翌年から日本はデフレに転落してしまったのです。

二〇一四年の消費税増税騒動も、これとまったく同じパターンです。アベノミクスで久々の景気回復に沸いた日本でしたが、離陸の途中で逆噴射してしまったようなもの……景気は上昇軌道から足踏み状態になりました。もちろん、それでも民主党政権時代よりはずっとマシですが、本来ならもっと景気が良くなっていたはずなので、非常にもったいないことをしました。

日本政府の債務がＧＤＰと比べて多いか少ないか議論しても、何の意味もありません。債務を減らすために政府まで支出を減らしてしまったら、日本経済においてお金を使う人がいなくなってしまいます。そんなことになれば、景気はもっと悪くなって、税収も減るでしょう。債務問題はむしろ深刻化してしまいます。

いま日本経済が直面している問題は、需要不足です。供給力に対して、概《おおむ》ね一〇兆円の需要が足らないといわれています。個人や企業がお金を溜め込まず、消費や投資に回せば、これぐらいの金額はすぐに埋まります。が、人々はデフレの再来を予知して、守りに入っているのです。

この状況を打破するためには、政府と日銀は、絶対に、二度とデフレに戻らないことを示さなければなりません。そのためには、財政の緊縮をやめること、そして徹底した金融緩和を行うこと、これらを国民に約束しなければなりません。

消費税再増税の中止が宙ぶらりんになったり、本来やるべき追加の金融緩和を延期したり、物価目標の達成時期を四回も後ずれさせたり、こんなことをしてはダメです。政府と日銀のやる気が疑われて、人々はお金を溜め込む姿勢を改めないでしょう。

住宅ローンにおいてはあれほどリスク選好的な日本人が、なぜそれよりもずっと優良な投資である政府の財政支出に対してネガティブなのか、理由がよく分かりません。おそらく新聞報道などで、日本の財政は危機的な状況だと刷り込まれているから、間違った考えに染まっているのかもしれません。

新聞に踊らされ、いまが買いどきだと錯覚してマイホームを買ったために、後で酷《ひど》い目に遭っている人もたくさんいます。同じように、日本が財政危機にあるかのような間違った認識に染まれば、再び対米開戦のような誤った政策判断が実施される恐れがあります。

かつて朝日新聞が戦争を賛美したように、財政危機を煽《あお》る新聞の報道姿勢は、常に疑ってみることが必要です。

第三章　税と金利と社会保障の真実

Q22 消費税を一%増税すると、必ず二・五兆円、税収がアップするのですか?

A22 いいえ、税収トータルで見れば、必ずしもそうではありません。

消費税増税で減収のケースも

消費税は一九八九年に創設され、一九九七年と二〇一四年に、税率が上がりました。過去三回の税率の上げ幅は、次の通りです。

■一九八九年　〇%↓三%
■一九九七年　三%↓五%
■二〇一四年　五%↓八%

もし、消費税を一%増税することによって二・五兆円の税収が増えるのであれば、次のような税収増が観察されるはずです。

■一九八九年　○％↓三％　七・五兆円増
■一九九七年　三％↓五％　五・〇兆円増
■二〇一四年　五％↓八％　七・五兆円増

では、増税の翌年に、本当にそれだけ税収が増えたかどうか確認してみましょう。

■一九八九年　○％↓三％　五四・九兆円↓六〇・一兆円　＋五・二兆円
■一九九七年　三％↓五％　五三・九兆円↓四九・四兆円　－四・五兆円
■二〇一四年　五％↓八％　五四・〇兆円↓五六・四兆円　＋二・四兆円

これは目の錯覚《さっかく》でしょうか？　過去三回の消費税増税において、一回も目標金額に達したことがありません。財務省の人は偏差値の高い大学を出た立派な人だと聞いていたのですが、いったいどうしたことでしょう？　新聞記者の方々は、なぜ指摘しないのでしょう？

しかも、数字をよく見てください。一九九七年の増税に至っては、税収増どころか、四・

五兆円もの税収減になっています。消費税の税率を上げたのに、税収が減ってしまったのです……これでは何のために増税したのか意味が分かりません。

同じく、二〇一四年の増税においても、一応税収は増えましたが、たったの二・四兆円……想定している金額の、三分の一も儲かりませんでした。正直、この程度の増収であれば誤差の範囲内であり、横ばいだったと見るほうが妥当です。

唯一の例外は、一九八九年のケースです。しかし、それでも翌年の増収額は、目標金額の七・五兆円には届きませんでした。

よく考えてみると、一九八九年といえば、日経平均が四万円に迫ったバブルの絶頂期です。そんな果てしなく景気が良かった時代ですら、消費税を増税しても税収が目標金額まで増えなかったという事実は、かなり重大です。

経済の基本を知らない論説委員

なぜ税率を上げても、予定通り税収が上がらず、下手をすると税収が減ってしまうのか？

その理由は簡単です。実は、税収が増える仕組みは、次のような簡単な掛け算で表すことができるからです。

■税収＝名目GDP×税率

税率を上げても名目GDPに変化がなければ、確かに税収は増えるでしょう。しかし税率を上げると、人々は支出を抑制し、モノを買わなくなります。そうすると景気が悪くなって、名目GDPの伸びが鈍化したり、場合によってはマイナスになる。そして、その落ち込みが税率の上げ幅より大きければ当然、税収も減ってしまうことになるわけです。

具体的にいえば、消費税の増税によって、消費税だけの税収は確かに増えるかもしれません。しかし、景気が悪くなることで企業の収益が悪化し、消費税以外の所得税や法人税が大幅な減収となります。

一九九七年のケースは、消費税の増収分よりも所得税や法人税の減収の幅のほうがはるかに大きかったために、全体としての税収が減ってしまったのです。

では、どうすれば税収が増えるのか？　先ほどの掛け算に立ち戻れば、答えは明白です。

一六八ページの図表36は、名目GDPと税収（一般会計税収）の相関を表したものです。データが見つからなかったので、名目GDPは暦年、税収は年度を用いましたが、基本的には誤差の範囲なので、気にしないでください。これら二つのデータ系列を散布図にして、近似直線を引いてみました。さて、皆さんには何が見えているでしょうか？

図表36　一般会計税収と名目GDP（1994年以降）

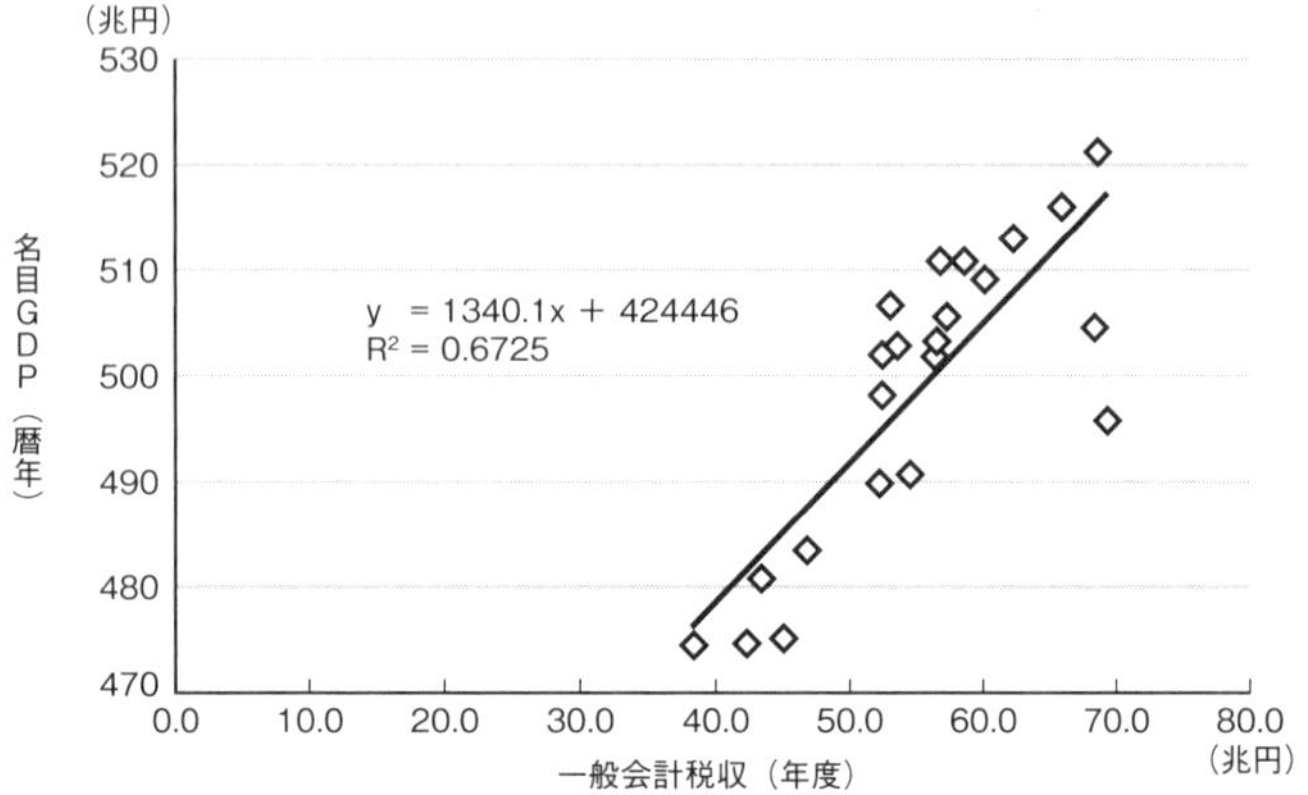

出所：財務省、内閣府（筆者によるグラフ化）　※2015年名目GDPは作成時点で確報値がなかったため、内閣府の予想値を使用

見事な右肩上がりのグラフが見えていれば正解です。名目GDPと税収の間の相関係数は〇・八二でした。一般的に相関係数が〇・七以上あれば強い相関があると評価できます。つまり、バブル崩壊以降の日本においては、「名目GDPが増えると税収も増える」という相関関係があることを示しているわけです。

これに対して、税率を上げたときは税収が増えたり減ったりして、安定しませんでした。名目GDPと税収の関係とは大違いです。

過去のデータから判断すれば、税収増を狙うなら、税率を上げることよりも、名目GDPを増やすほうが確実であると断言できます。ところが、これだけはっきりしたデータがあるにもかかわらず、未だに税率を上げると税収が増えるという間違った認識が改められることがありません。

特に、新聞などのマスコミは、間違った前提に立って財政問題を語ります。たとえば、この記事などは、その典型といえるでしょう。

〈三党合意に基づく消費増税法は、税収増すべてを社会保障財源に充てると定めている。一七年四月に予定される税率一〇％への引き上げは、もともと一五年一〇月に実施するはずだった。だが、安倍晋三首相が一四年秋に延期を決め、衆院を解散した。

延期によって、社会保障充実の財源が確保できず、しわ寄せは特に子育て支援に及んでいる。「保育園落ちた」のブログを機に噴出した親たちの怒りに向き合うためにも、財源の早急な手当てが必要だ〉

（「社説」消費増税の判断　政治の打算を離れよう／「毎日新聞」二〇一六年三月三〇日付）

この社説を書いている論説委員の頭のなかには、「税率を上げると税収が増える」という根拠のない思い込みがあります。新聞記者というのは、過去の記憶が曖昧《あいまい》なのでしょうか？

先ほど確認したように、消費税一％当たり二・五兆円の税収増などという甘い見通しは、これまで一度も実現したことがありません。あのバブルの絶頂期だった一九九〇年ですら、その目標には達しなかったわけです。

それにもかかわらず、こんな事実に基づかない話を社説として掲載するのは、いかがなものでしょうか？　毎日新聞の社内における「査読」はしっかり行われているのか、とても不安になりました。

もし、現在のような景気の回復途上にあるときに無理して増税を強行すれば、経済には非常に悪い影響が現れます。実際に、アベノミクスによって二〇一三年は絶好調だった日本経済が、二〇一四年の消費税増税によって、急に失速したのは記憶に新しいところです。

もちろん、民主党政権下のデフレ時代よりはマシですが、本来ならもっと経済成長できたところを、無駄な足踏みに時間を空費してしまいました。結果として、アテにした税収増はたった二・四兆円というショボい結果に終わった……毎日新聞は、この失敗を繰り返したいのでしょうか？

そんなに増税したいなら、新聞の税率だけ八〇％にでもすればいいと思うのですが。

Q23 ＧＤＰが一％増えると、税収は普通、一・一％だけ増えるということですよね？

A23 いいえ、いまはＧＤＰが一％増えると、税収は三％以上増えます。

少し景気が良くなると大幅税収増

名目ＧＤＰが一％増えたら税収がいくら増えるかを表す数値を「税収弾性値」といいます。財務省の公式見解において、税収弾性値は、つい最近まで「ほぼ一である」ということになっていました。

しかし、直近一〇年間の実績で見ると、必ずしもそうではありません。

なぜ財務省は直近のデータに反して、税収弾性値がほぼ一であると言い続けるのでしょうか？　多くの人が疑問に思っていることを、実際に財務省にメールして確かめた人がいます。「質問者2」さんという強者です。

ご本人の許可を得ましたので、そのときの財務省とのやりとりを掲載したブログの一部を抜粋して転載します。

〈質問1〉

一般会計の税収は前年比＋六・九％増加しているようですが、二〇一三年度の税収弾性値の値はいくつでしょうか？

〈質問2〉

財政関連の資料や財務省ホームページでは一・一という税収弾性値が示され、税収見通しにも使われておられます。この理由をご教示下さい。

お忙しいところお手数をおかけして恐縮ですが、ご教示のほど、よろしくお願い申し上げます。

■財務省からの回答が二〇一五年五月一一日一九：二五にありました。

財務省ホームページへのアクセスありがとうございます。

五月六日にお寄せいただいたご意見等に対してお答えします。

〈質問1回答〉

二〇一三年度の税収弾性値は、税制改正の影響等を除いて計算した場合、三・七という値をとります。

〈質問2回答〉

近年におきまして、分母である名目経済成長率がゼロ近傍であること等から、弾性値が大きく振れやすくなっており、マイナスとなる年もあります。

このように、税収弾性値は短期的には極端な値をとることもあることから、財務省「予算の後年度歳出・歳入への影響試算」では、中期的な将来の財政の姿を示す観点から、従来から、過去の安定的な経済成長期の平均的な値である一・一を用いております。

なお、毎年度の税収見積りにおいては、名目成長率に弾性値を乗じて全体の税収を見積もっているわけではなく、直近の納税実績、政府経済見通しの各種指標、企業へのアンケート調査結果等を踏まえて、税目ごとに見積りを行っております。

財務省の言い分は、「現下の経済状況であれば税収弾性値は高めに出るが、それは特殊な条件下の話であって、長期的には一・一になる」ということです。これは財務省の肩を持つ御用学者やマスコミなどが口をそろえていっていることであり、別に目新しい論点ではありません。バブルの絶頂期も、デフレの時期も、デフレからの回復期も、それらを一切無視して、単純に平均を取ったら確かにそうでしょう。

しかし、税収弾性値は景気拡大期に上昇し、景気後退期に低下する傾向があります。その理由は簡単です。失業者は所得税を払いませんし、赤字の法人は法人税を払いません。ところが景気が回復するときは、いままで失業していた人が働き始めたり、赤字だった会社が黒字になったりします。

それまで税金を免除されていた人が税金を払い始めれば、税収が大幅に増えて当然です。また、景気が拡大するときは株価も上がりますので、株を売って儲けた人から多額の税金を徴収することもできます。

景気の後退局面では、これとは反対のことが起こります。企業の業績が悪化し、人々の所得が減り、株価が下がって損する人が増えます。そうすると、税金を払わなくて済む人が増えるため、税収も減ります。

日本は一九九〇年代後半からずっとデフレが続きました。そのため、小泉内閣のときのように、少し景気が良くなると税収が大幅に増える状態にあるのです。

財政状態を悪く見せたい財務省

実際に、過去一〇年間の税収弾性値は、東日本大震災の影響を受けた平成二三（二〇一一）年度と平成一九年度を除き、一・一を大幅に超える値を記録しています。

先ほどご紹介した「質問者2」さんが、その点について財務省に追加で質問し、以下のような言質を取りました。

■財務省から回答がありました。（二〇一五年一二月一五日）

財務省ホームページへのアクセスありがとうございます。

一二月九日にお寄せいただいたご意見等に対してお答えします。

平成一七年度から二四年度の税収弾性値につきましては、以下の通りとなります。

平成一七年度　一五・六
平成一八年度　六・三
平成一九年度　〇・〇
平成二〇年度　二・六
平成二一年度　四・〇
平成二二年度　六・二
平成二三年度　ー（税収弾性値がマイナスとなったもの）
平成二四年度　二七・〇

今後とも財務行政にご理解とご協力をお願いいたします。

財務省大臣官房文書課 行政相談官

これらのデータを元に、過去一〇年間の税収弾性の平均値を計算してみると、七・五という恐ろしく高い値になりました。これに比べて、現在の財務省公式見解である一・一という

図表37　税収の見積もり（単位：兆円）

年度	予算	実績	差
1999年度	45.7	47.2	1.6
2000年度	49.9	50.7	0.8
2001年度	49.6	47.9	−1.7
2002年度	44.3	43.8	−0.4
2003年度	41.8	43.3	1.5
2004年度	44.0	45.6	1.5
2005年度	47.0	49.1	2.0
2006年度	50.5	49.1	−1.4
2007年度	52.6	51.0	−1.5
2008年度	46.4	44.3	−2.2
2009年度	36.9	38.7	1.9
2010年度	39.6	41.5	1.8
2011年度	42.0	42.8	0.8
2012年度	42.6	43.9	1.3
2013年度	45.4	47.0	1.6
2014年度	51.7	54.0	2.2

出所：財務省　※表は筆者による作成

値が、いかに実態を反映しない、低すぎる値であるかがよく分かります。

もちろん財務省の立場は、「景気の変動に左右されない、長期的な」ものであることは認めます。しかし、慎重に見積もることと、実態に合わない過剰な安全マージンを確保することとは、次元が違います。しかも、財務省の慎重な見積もりというのは、実はかなりテキトーで、雑なものであることも分かっているのです。

特に、税収見積もりについては毎年、一兆円以上のズレが出るのが常態化しています。一九九九年度から二〇一四年度までの一六年間で、税収見積もりと実績の差が一兆円以内に収まった年は、三回しかありません。前ページの図表37でご確認ください。

なぜ、こんなことになるのか？　元財務官僚で嘉悦大学教授の髙橋洋一氏が、興味深いグラフをtwitter上に発表しました（図表38）。

税収見積もりは前年の税収実績と強い相関関係があり、相関係数は、なんと〇・九二になるそうです。おそらく、「今年の税収がこれぐらいだから、来年も同じぐらい」といった感じで、テキトーな税収見積もりが行われていると考えたほうがよさそうです。

実際に財務省の内部を知っている髙橋氏は、先ほどのグラフのキャプションで、次のように述べています。

図表38　税収見積と実績（前年）の推移

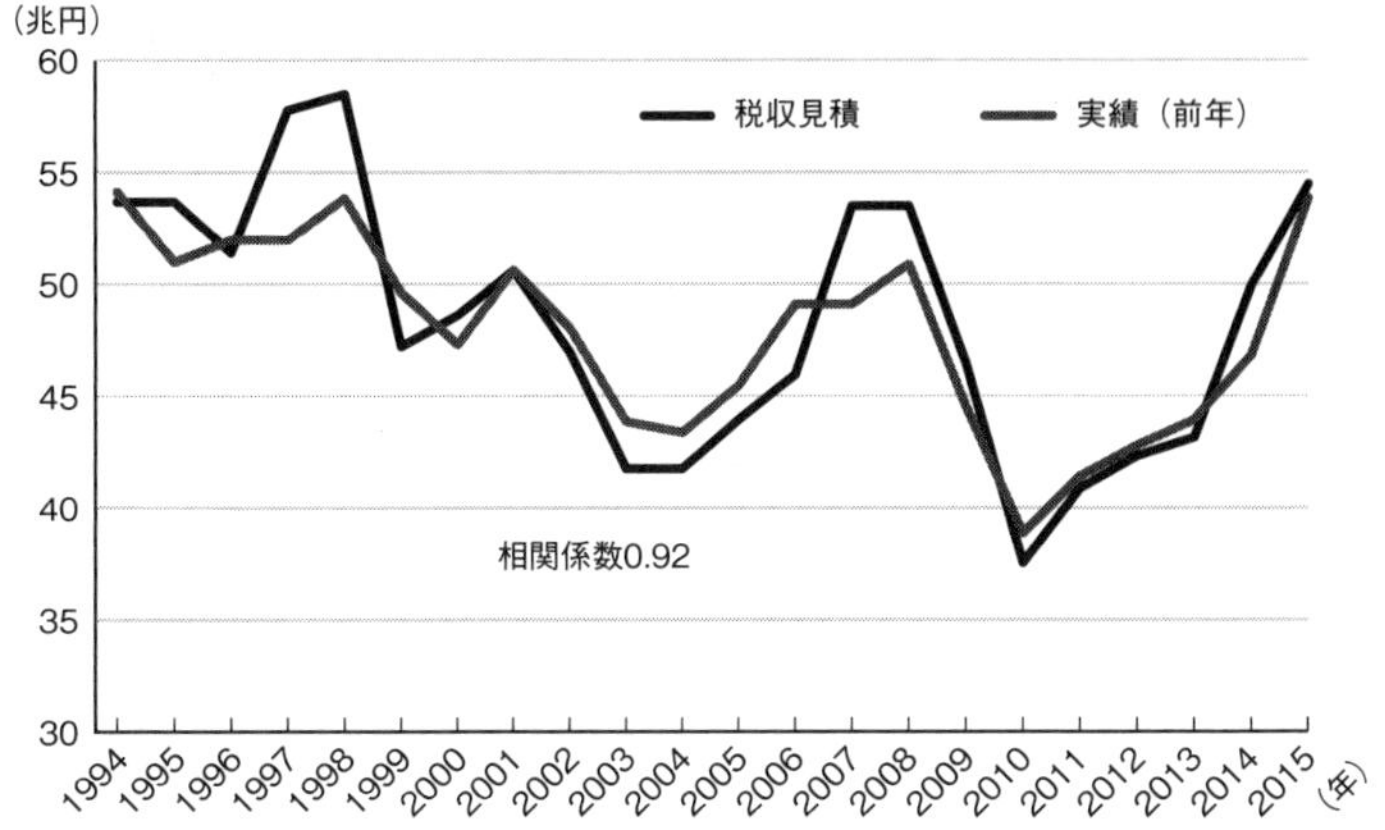

出所：財務省

〈髙橋洋一（嘉悦大） @YoichiTakahashi
二〇一五年一二月二三日
税収見積もり。予算編成のテクニックからみれば正しく予想しようというインセンティブはない。だから経済モデルで予測していないので実際にも当たらない。前年度の税収実績（見込）を使って見積もっているだけ。そのくせ財源ガーという〉

これが、財務省のいう「慎重な見積もり」の中身です。税収弾性値が一・一と強弁する理由も、なんだかうさん臭く感じませんか？

彼らは、財政再建のために予算を厳しく査定しているのではない。時代に合わない前例をわざと踏襲《とうしゅう》して、日本の財政状態を実態よりも悪く見せようとしているだけなのです。

Q24 高齢化社会において、社会保障費の増大は、避けられないことなのでしょうか？

A24 いいえ、そんなことはありません。むしろ財政破綻で医療崩壊した夕張市では、お年寄りの寿命が延びました。

夕張市で起こった奇跡

北海道の夕張《ゆうばり》市は、二〇〇七年に財政破綻し、財政再建団体に転落したことで有名です。人口はピーク時（一九六〇年代）の約一二万人から激減し、二〇〇七年の財政破綻直前には約一万人になりました。

もともと夕張市は炭鉱で栄えた町だけに、エネルギー源が石油に推移するなか、一九六〇年代から人口減少が進んでいました。が、ピーク時の一〇分の一という極端な状態は、二〇〇〇年代になって以降のことです。

人口減少などという生易しいレベルではなく、まさに自治体消滅といったレベルの、深刻な状態が続いています。

しかも、高齢化率はすでに約四九％にも達しています。また、公営の総合病院は財政破綻と同じ年の二〇〇七年に公設民営化され、一九床の診療所に縮小されました。文字通り医療崩壊です。一部では、これが二〇五〇年の日本の未来を先取りしているといわれました。

夕張市に取り残された老人たちは、医療崩壊のせいで病気に苦しみ、悲惨な目に遭っているのではないか、普通はそう考えるところです。しかし、実態はまったく違います。お年寄りは元気になり、寿命も延びているのです。

「週刊日本医事新報」に掲載された「夕張希望の杜の軌跡」という論説のなかに、実際に何が起こったのかを端的に表すデータがあります。

■医療崩壊以降、市民の死因上位三疾患の標準化死亡比（SMR）は大きく低下。たとえば、夕張市民の胃がんのSMRは、二〇〇六年には一三四・二だったが、医療崩壊後の二〇一〇年には九一・〇まで、約三割五分も低下した。肺炎については一二五・〇（二〇〇六年）から九六・四（二〇一〇年）までに低下。

■北海道における医療費は、一人当たり年額一〇〇・一万円（二〇〇五年度）から年額一〇四・七万円（二〇〇九年度）へと増加したが、夕張市の医療費は八三・九万円（二〇〇五年度）から七三・九万円（二〇一〇年度）へと、実に一三％も減少した。

■全国平均の介護費は、月額一四・八万円（二〇〇七年度）から一五・五万円（二〇一一年度）へと大幅に増加したが、夕張市の場合、一五・六万円（二〇〇七年度）から一五・九万円（二〇一一年度）と、ほぼ横ばいで推移。

■「健康リスクが高い人が転出したのではないか」との指摘があったが、人口統計を調べると、ここ二〇年で総人口は確かに半減しているが、高齢者人口は横ばいである。つまり、健康リスクの高い人の割合が上がっているにもかかわらず、ＳＭＲ低下、医療費削減を実現したことになる。

大方の予想に反して、夕張市では、病気が減り、寿命が延び、医療費が大幅に減ってしまいました。なぜ、こんなことができたのでしょうか？

そこには、夕張市立診療所の前所長で医師の森田《もりた》洋之《ひろゆき》氏が中心となった、「たたかう医療」から「ささえる医療」へ発想の転換がありました。

患者に若年者の占める割合が大きければ、早く病気を治して仕事や学校に復帰させることが医師の主なミッションです。ところが、患者に高齢者の占める割合が増えると、高齢者にはたいてい慢性の持病があるので、治すことが難しくなります。むしろ、症状をコントロールしながら長く病気と付き合うこと、症状が悪化しないように予防することが求められます。これこそが「ささえる医療」です。

夕張市の場合、財政的な理由で、高価な検査機器や高度な手術ができる施設を維持できませんでした。そんな悪条件下であったからこそ、「ささえる医療」が支持されました。

もちろん、急性の病気に対するケアは手薄になります。患者からは「切り捨てだ」と批判されることもありました。しかし、それでも手持ちのリソースを最も効果の出る医療サービスに集中し続けた結果が、先ほど紹介した素晴らしい成績となったのです。

現在、日本人の死因は、一位がガン、二位が心臓疾患、三位が肺疾患となっていますが、夕張市では、この三つの病気で死亡する人が減っています。その代わり増えているのが「老衰」……現在の法律では死亡診断書に「老衰」と書くことはできませんが、夕張市では、天寿を全《まっと》うして亡くなる人が非常に増えているのです。

ご存知の通り、現在日本の医療費のかなりの部分は終末期医療に費やされています。昔は多くの人が自宅で看取《みと》られていましたが、いまは約九割の人が病院で亡くなっています。実は、これが医療費を大きく圧迫しているのです。政府は社会保障費が増大すると大騒ぎはしますが、夕張市のような取り組みは、まったくといっていいほど進んでいません。

ちなみに、森田医師は、終末期医療について次のように述べています。

〈私はかつて病院に勤務し、病院で亡くなられる方々も多く見てきた。夕張という地域に出てからも、診療所の病床で、施設で、ご自宅で、数多くのお看取りをさせていただいた。詳細なデータはない。（中略）しかし、振り返ってみると、やはり「人間としての幸福」という意味では、「自宅でのお看取り」が一番満足度が高いのではないか、と感じている。数多くの在宅医の先生方（ほとんどが元病院勤務医）が、同様の発言をされているところを見ると、どうやらこれは夕張独自の事情というわけではないようだ。

在宅医療が高齢者にとって満足度の高い医療の姿であるなら、その推進は市民の幸福に寄与するだろう。また、病院医療の縮小という荒療治を受け入れざるを得なかった夕張市民にとって、在宅医療の存在はその受容の一助となったかもしれない。今の私は、「そろそろ老衰という死亡診断が許される医療に戻りたい」という医師の告白に大きく頷くことができる。今思うと、多くの市民が身を持ってこのことを教えてくれたような気がする〉

（「日本医事新報」二〇一三年一月一二日号）

医療費はむしろ減少する

人口減少や高齢化社会に対し、何も対策をしなければ、悲惨な未来しかやって来ません。

しかし、夕張市の「先行事例」は、医療に対する考え方を「ささえる医療」に転換することで、より豊かに健康で長生きできる社会を実現できることを示唆《しさ》しています。

しかも、医療費は増大するどころか、むしろ減ります。なぜ、政府はこのやり方をもっと普及させないのでしょうか？

夕張市のように財政破綻してしまった地方自治体ですらここまでやれるわけですから、財政破綻していない自治体なら、もっと簡単にやれるはずです。しかも、立派な市民病院を建てる必要はありません。

まずは発想を転換し、体制を整備することです。具体的には、在宅医療の体制整備や、市民の健康意識を啓発することなど、大して予算のかからないものばかりです。

これまでの政策がいかに間違っていたかという反省もなしに、現状の延長をしたところで、何の解決にもなりません。「社会保障費ガー！」というプロパガンダは、人々を思考停止に陥らせることで、人口減少や高齢化の痛みを和《やわ》らげるどころか、むしろそれを助長していたのではないでしょうか。

夕張市の事例などをしっかりと勉強して、まずは私たちの思い込みをなくすことからすべてが始まると思います。日本の未来は決して暗くありません。

Q25 二〇一六年二月に、日銀が発動した日本初のマイナス金利政策は、失敗したのですよね？

A25 いいえ、当初の予想通り、国債の金利と償還期間との相関性を示す曲線「イールドカーブ」を、マイナスにシフトさせることに成功しました。

効果が明白なマイナス金利

現在、日銀は量的緩和政策を進めており、具体的には年間八〇兆円の国債の買い切りオペレーションを実施しています。

図表39は、財務省のホームページに掲載されている国債管理政策に関する説明資料です。二〇一六年度に発行される国債のうち、新発債は三四・四兆円、借換債は一〇九・一兆円であると記載されています。

このうち八〇兆円を日銀が買ってしまうので、民間の金融機関が購入できる国債は六三・四兆円になります。しかし、話はここで終わりません。日銀はインフレ目標を達成するため

図表39　国債管理政策に関する説明資料

区分	27年度（当初）	27年度（補正後）	28年度（当初）
新規国債（建設・特例国債）	36.9兆円	36.4兆円	34.4兆円
復興債	2.9兆円	1.9兆円	2.2兆円
財投債	14.0兆円	14.0兆円	16.5兆円
借換債	116.3兆円	114.4兆円	109.1兆円
国債発行総額	170.0兆円	166.7兆円	162.2兆円

出所：財務省

に、八〇兆円から金額を積み増して国債を購入する可能性があります。物価目標は二％ですが、現時点で生鮮食品とエネルギーを除く消費者物価指数（コアコアＣＰＩ）は一％をやや下回る水準だからです。

もし、日銀が追加緩和策を第三弾、第四弾と打ち続けると、その年に発行される国債の大半を日銀が買い占めることになって、やがて限界を迎える――これが巷《ちまた》でいわれている「量的緩和限界説」なるものです。

しかし、この限界を突破することは簡単です。なぜなら、民間の金融機関が大量の国債を保有しているので、彼らから国債を吐き出させて買えばいいからです。

ただ、それをやるためには、相当高い金額をオファーしなければなりません。場合によっては、それが償還金額よりも高くなることもあるでしょう。たとえば、来年一万円もらえる権利を、いま一万一〇〇円出して買う、といった具合です。

来年一万円もらえる権利をいま九九〇〇円で買えるとき、金利に当たるのが差額の一〇〇円です。一〇〇円もらえるので、このときはプラス金利です。ところが、来年一万円もらえる権利をいま一万一〇〇円で買うと、一〇〇円確実に損します。一〇〇円損するので、このときはマイナス金利となります。

すでに日本の市場金利はゼロですから、日銀が今後も量的緩和を無限に進めるとするなら、民間金融機関から買い上げる価格が高騰し、金利がマイナスに突入する可能性が高い。ところが、民間の金融機関が国債を売ったときに、その対価が入金される日銀当座預金に一律〇・一％のプラスの金利が付いていたら問題です。ただでさえ償還金額を上回る高い金額をオファーしたにもかかわらず、売却代金にプラス金利が付いて、丸儲《まるもう》けとなるからです。

そこで、さすがにそれはやり過ぎだということで、日銀は当座預金の一定部分についてマイナス金利を導入しました。ざっくりいうと、マイナス金利導入前よりも日銀当座預金残高を積み上げたら、増加分に対してマイナス〇・一％の罰金を取る、という制度です。

今後は信じられない高値で国債を売り抜けられる代わりに、この程度のコストは負担しろ、ということです。

図表40　国債金利の推移

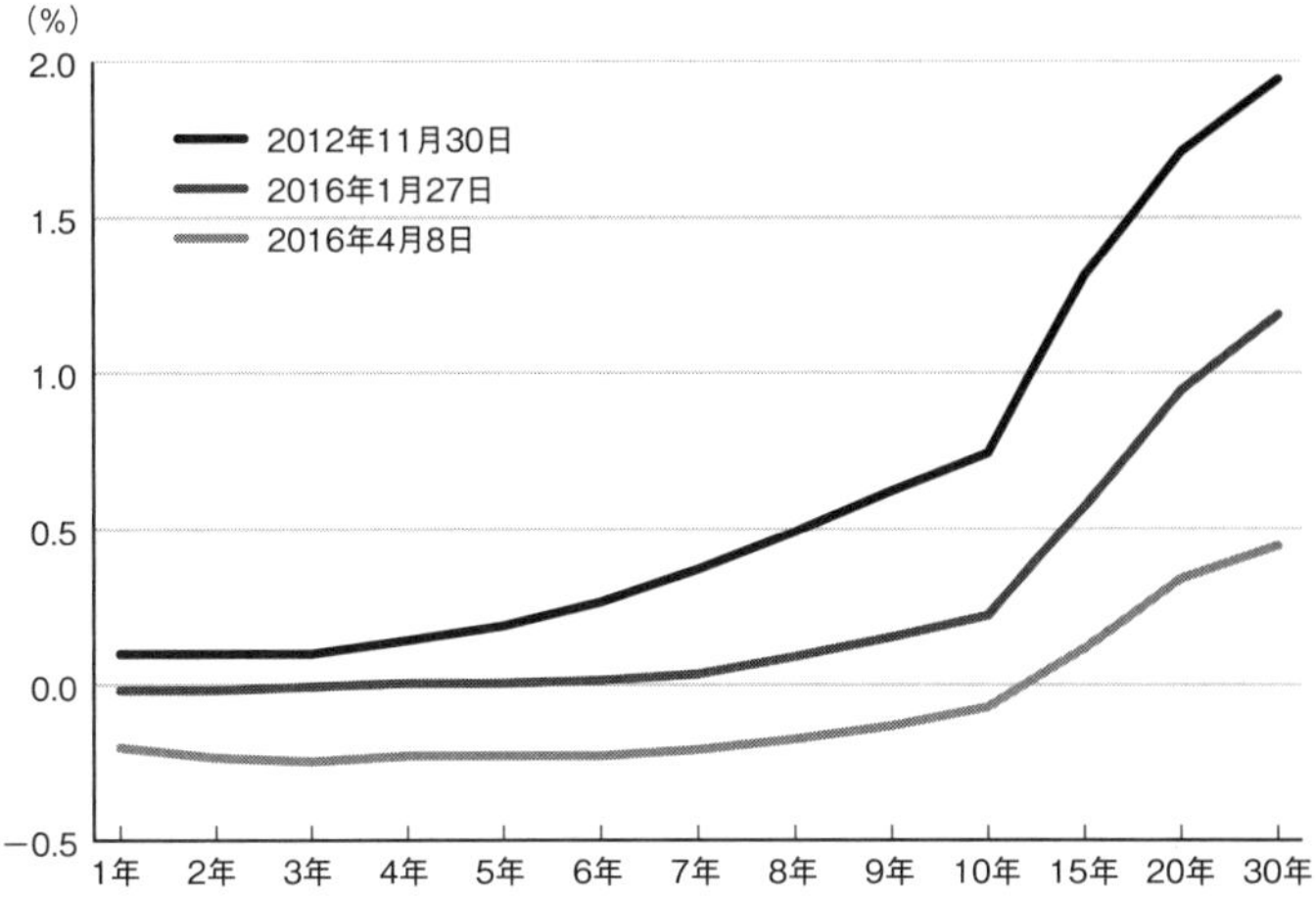

このように、マイナス金利が導入された理由は、日銀が量的緩和のオペレーションを拡大する余地を作るためです。そのため、物価上昇率が安定的に二％を超え、日本がデフレから脱却することが確実となれば、マイナス金利は終了します。

　実際に、このような日銀の意図が、債券市場にはしっかりと伝わったようです。

　図表40をご覧ください。このグラフは安倍政権誕生直前の二〇一二年一一月三〇日時点と、マイナス金利を決めた日銀金融政策決定会合前々日の二〇一六年一月二七日時点と、本稿執筆時点（二〇一六年四月八日）のイールドカーブ（利回り曲線）を比較したものです。

　グラフが全体に下方向にシフトしているの

がお分かりいただけるでしょうか？

まず、二〇一二年一一月三〇日と二〇一六年一月二七日のグラフを比較してみましょう。二発の黒田バズーカによる金融緩和で、ここ三年間で大幅に金利が低下したことが見て取れます。

金利が低下したということは、国債価格が上昇したということ。「量的緩和で国債が暴落する」という経済ハルマゲドン理論は、この時点で大ハズレだったことを確認しておきましょう。

次に二〇一六年一月二七日と四月八日のグラフを比較してください。一月二七日というのは、マイナス金利導入発表の前々日です。

その後、三ヵ月程度で、二〇一二年一一月三〇日から二〇一六年一月二七日までの約三年二ヵ月分の下げ幅に匹敵する大幅な金利低下が確認できます。やはり、マイナス金利の効果はハッキリと出ているといわざるを得ません。

マイナス金利で財政再建は完成

さらに、マイナス金利には、日本の財政再建を終わらせてしまうという副次的なメリットもあります——。

日本は破産すると吹聴している人は、「日本の国債残高は天文学的に大きいので、いずれ支払い不能になる」といいます。確かに、政府債務の総額が一〇〇〇兆円以上もあれば利払いは大変です。しかしマイナス金利が始まると、政府は金利を払うどころか、金利をもらえるようになります。

本稿執筆時点で、満期が一〇年以下の国債利回りはマイナスです。しかも、一〇年以下の満期の国債は全体の七五%を占めています。つまり、「プラス金利の古い国債のうち大多数の七五%が、一〇年以内に、借り換えによってマイナス金利の国債に入れ替わる」ということです。

これは、「一〇年経てば、大半の国債が、金利を払う国債から金利をもらう国債に借り換えられてしまう」ことを意味します。

もちろん、一〇年債より長い期間の国債金利は払う必要がありますが、それは全体の二五%しかありませんし、一〇年以下の国債からもらえる金利で、かなりの部分が補塡できます。もう、国債の利払い負担という問題は考える必要がありません。

財政再建は終了です。おめでとうございます!

また、マイナス金利に対する批判のなかで最も多いのは、「いまはデフレが続いているので、いくら銀行に貸し出し圧力をかけても、融資は増えない」というもの。反論する前に、

図表41　総貸出平残（銀行・信金計）

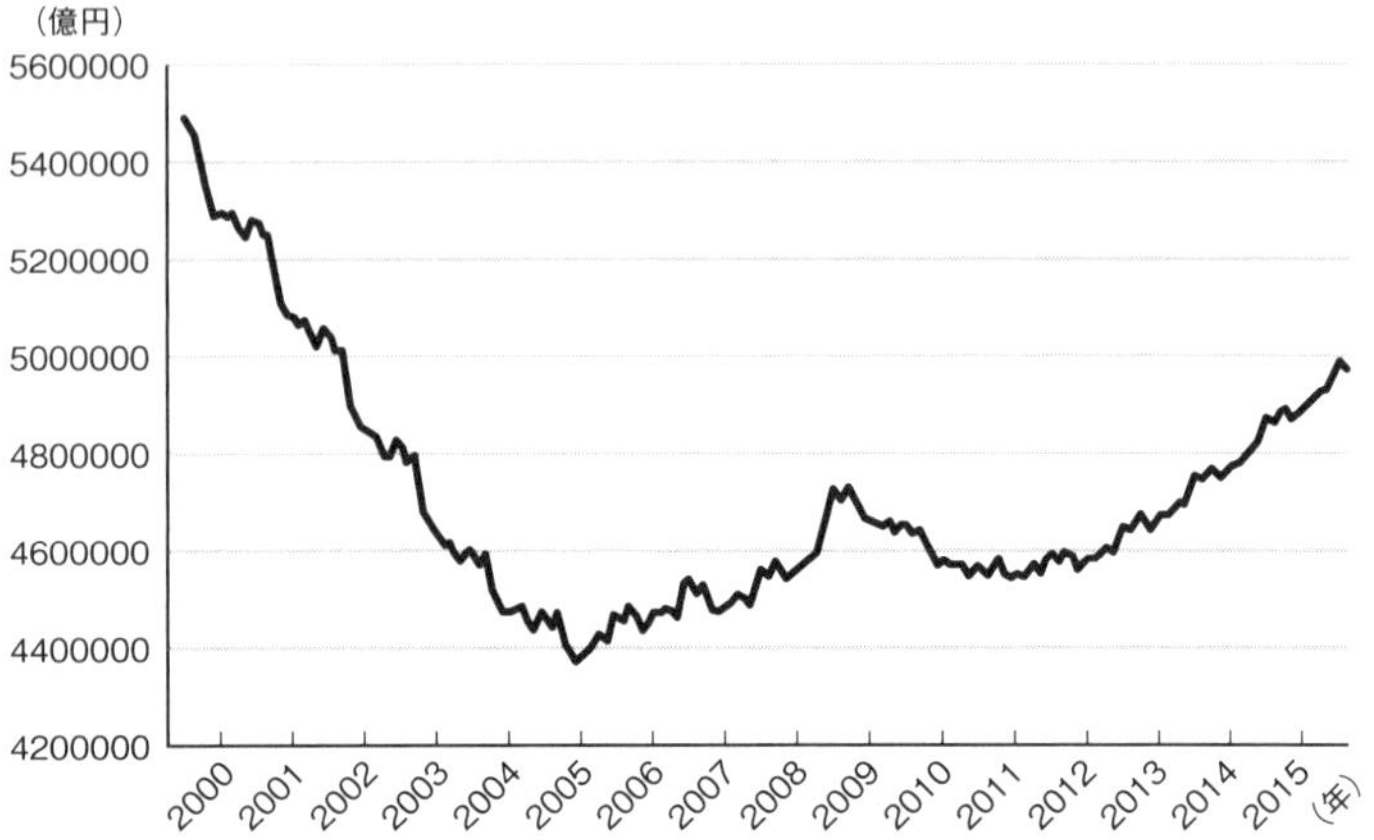

出所：日本銀行

まずは事実関係を確認していきましょう。次ページの図表41をご覧ください。

二〇一二年以降、グラフが右肩下がりに見えるでしょうか？　もし、そう見えたら、眼科検診をお勧めします。誰がどう見ても貸し出しは増えています。ただし、問題がないわけではありません。

アベノミクスが始まった二〇一三年は、内需、外需ともに堅調でした。しかし、二〇一四年四月に消費税を増税したことが、失敗の始まりでした。増税のせいで個人消費は伸びず、二〇一五年七月以降のチャイナショックと原油価格の低迷で、海外の需要も減退しました。

個人や企業が消費や投資活動を抑えると、消去法で、お金を使う主体は政府だけということになります。マイナス金利の効果をより効果的に実体経済に波及させるためには、政府による財政政策が必要です。もちろん、ド田舎に立派な高速道路を建設するようなお金の使い方では何の効果もありません。国民に広くお金をばら撒いて、必要なものに使ってもらうのがベスト。実際にお金をばら撒かなくても、減税してしまえばいいのです。

さらに、将来的な増税の可能性をつぶして、お金を溜め込む必要がないことに政府がコミットします。たとえば、消費税増税の延期ではなく、中止です。

こうすることで消費が上向けば、その恩恵にあずかろうとリスクを取って新しい事業を始める人が増えます。彼らが事業資金を借り入れることで、市場に出回るお金が増え、日本はデフレから脱却できるわけです。

もちろん、マイナス金利だけで日本をデフレから脱却させることはできません。量的緩和と合わせて実施されることで、より効果を発揮するのはいうまでもありません。そもそも、日銀は無限に日本円を刷れるわけですから、限界なんて最初からあるわけがないのです。

こんな簡単な話に難癖をつけて金融政策の限界を吹聴《ふいちょう》するマスコミの報道姿勢には、疑問を抱かざるを得ません。世の中には悪い人がいっぱいいて、マスコミのこういう与太話《よたばなし》で不安を煽って変な金融商品を売りつけようと狙っています。正しい知識を持つことで騙されないようにしましょう。それが真の資産防衛です。

Q26 日本の公的年金は、近い将来、破綻するというのは本当ですか？

A26 いいえ、ちょっとした工夫で、年金財源はいくらでも捻出できます。

なぜ年金は払い損になったのか

年金が将来どうなるのか、それについてシミュレーションしても、前提となる経済成長率やインフレ率によって、結果は大きく変わります。また、支給額を減らし、運用コストを減らし、徴収額を増やす、といった制度改革があれば、年金基金は相当程度の延命が可能になります。たとえば支給額を半額にすれば、単純に年金の積立金の寿命は二倍に延びます。

だとしたら、年金を近い将来に破綻させないため、マイルドなインフレによって経済成長を実現、同時に支給額の切り下げなどをはじめとした年金改革を実施すれば、問題は解決してしまいます。何と、この問題は最初から結論が出ているのです。

とはいえ、「いうは易《やす》く行うは難《かた》し」……年金が破綻しないような経済政策や年金改革が本当にできるのか？　できないのか？　問題は政府と国民のやる気、そして気合の問題になってしまいました。

公的年金のコンセプトは、若いうちに積み立てたお金を運用して、歳を取ってから受け取るというものです。ところが、この制度を作ったときに決めた予定利回りが高すぎたことが問題でした。日本の高度経済成長が終わり、低成長時代になった時点で、利回りを見直しておくべきだったのです。そして、一九九八年以降にデフレが始まってからは、物価の下落に合わせて支給額も減らしておくべきでした。

しかし、そんなことをしたら、投票率の高さで政治的な実権を握っている高齢者の不興《ふきょう》を買うことは目に見えています。選挙で票を減らしかねない年金改革は、政治家にとって人気のない政策でした。その結果、毎度毎度その場しのぎの弥縫策《びほうさく》が採用され、結果として一九六〇年代以降に生まれた世代が全員「払い損」になるという、恐ろしい罰ゲームができあがってしまったのです。

ＧＰＩＦはすぐに廃止できる

さて、この状況を改善するための具体的な方法について考えてみましょう。

一番簡単なのは、高齢者の反発を一切考慮せず、「約束した利回りはウソでした」と発表

図表42　公的年金における受益と負担の年齢別分布（2007年時点）

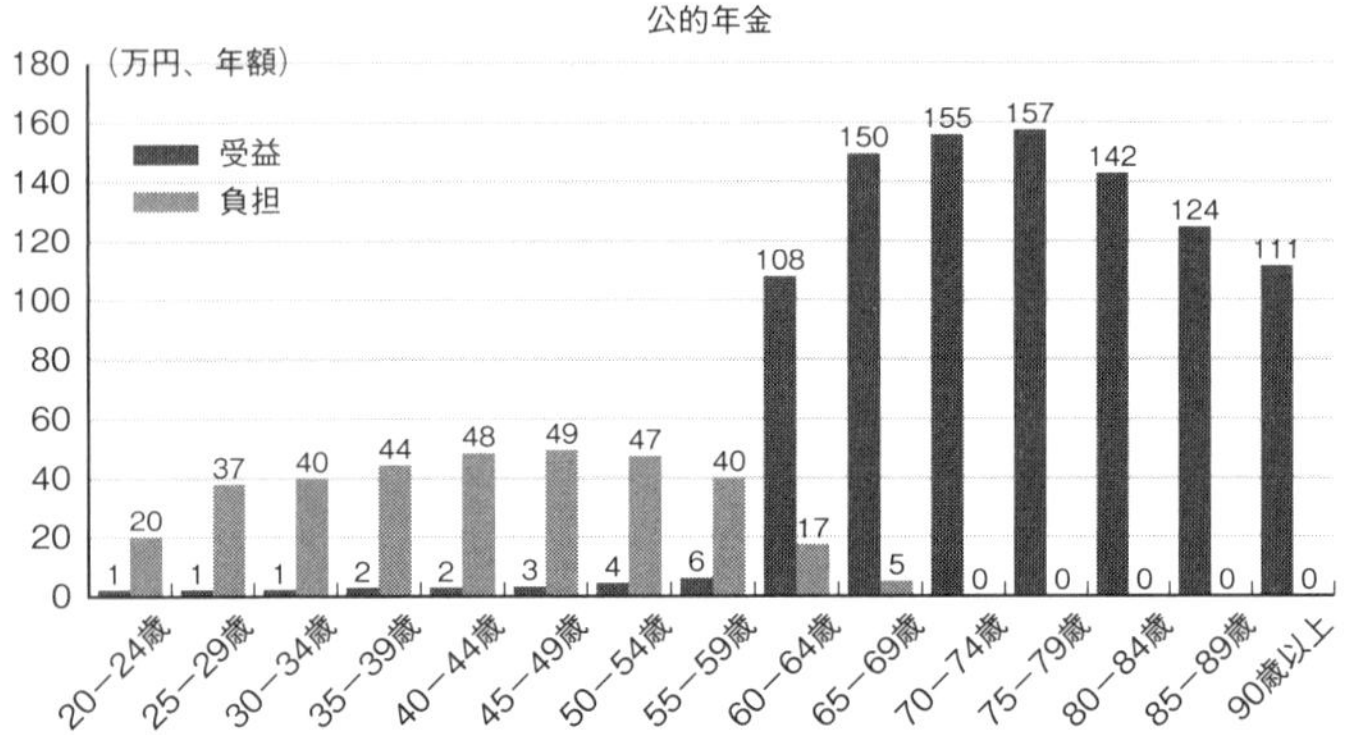

注1：公的年金を構成する厚生年金、共済年金、国民年金のすべてについて、年齢階級別に保険料支払額と受給額を合計し、該当する年齢階級別人口（男女計）で除した。
注2：年金モデルにおける実績データをもとに算出。

出所：内閣府資料

して、高齢者向けの年金支給額を削減するという方法。もちろん、削減にはある程度の手加減を加え、なおかつ他の社会保障政策と併用したりすることで、痛みを和《やわ》らげます。たとえば、ベーシックインカムとの組み合わせなどは、実際に検討すべきでしょう。

このベーシックインカムとは、国民一人当たり一ヵ月の食費程度（四万円から一〇万円）の金銭を一律に配る制度です。フィンランドなどが実験的に導入して話題になりました。この制度のポイントは、収入条件のみで一律支給するのと引き換えに、生活保護などの条件付き給付制度をすべて廃止して統合してしまう、という点にあります。

高齢者向けの年金を大幅に削減する代わりに、ベーシックインカムを導入すれば、収入

図表43　運用資産別の構成割合（年金積立金全体）

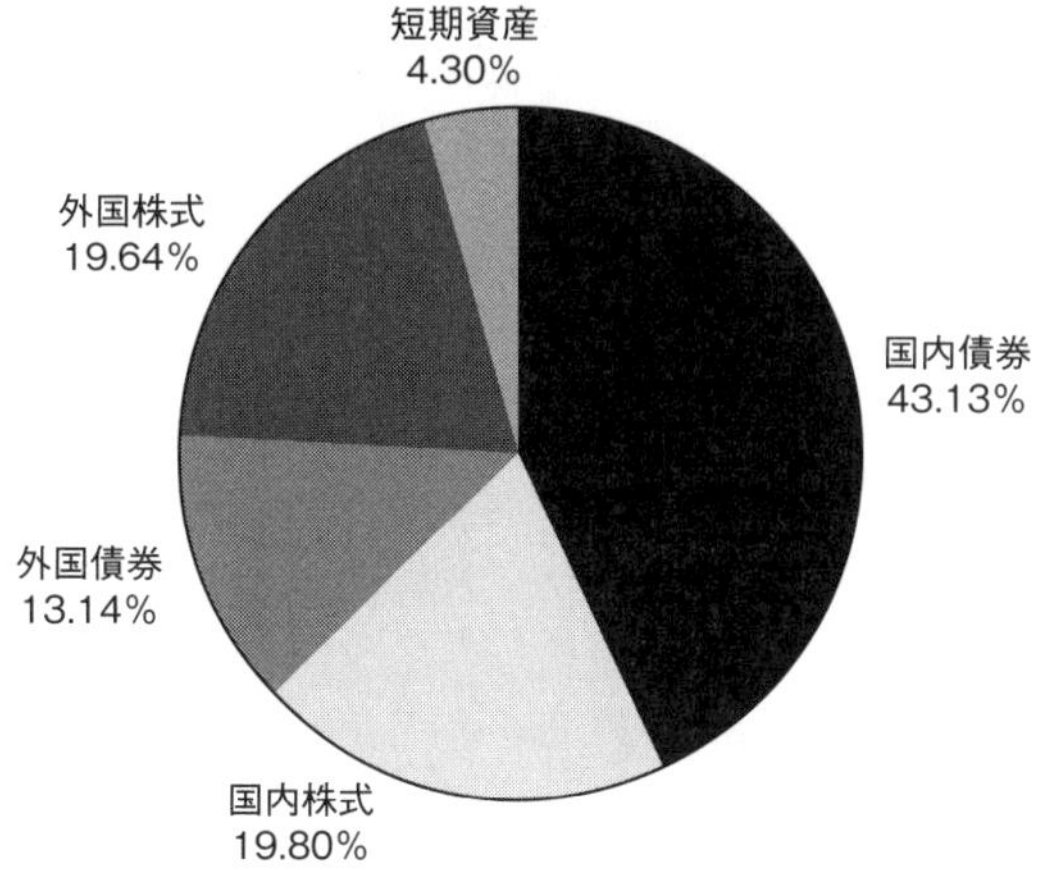

出所：年金積立金管理運用独立行政法人

の少ない高齢者は、ある程度救済できます。

　また、年金の必要のない富裕な高齢者には年金を辞退してもらい、その代わり断った年金の金額に応じて、天皇陛下から勲章を受け取れるような仕組みも必要でしょう。おそらく「勲章なんて一生無理だ」と思っていた全国各地の中小企業の経営者は、狂喜乱舞して年金を辞退することでしょう。

　まさに、年金財源の強化と、高齢者の生き甲斐の創造、一石二鳥の政策です。

　では、次に運用コストの削減について考えてみましょう。現在、公的年金の基金は年金積立金管理運用独立行政法人（GPIF）によって運用されています。運用残高は一三七兆三五八億円（二〇一四年一二月現在）です。図表43は運用先のポートフォリオを表しています。

ＧＰＩＦは、これまでの国債中心の運用を変更し、国内株式や外貨建ての運用を拡大したため、二〇一四年までは円安株高の恩恵を受けることができました。しかし、二〇一五年以降、消費税増税による悪影響が本格化し、二〇一六年には世界的な株安が発生したため、運用利回りは低下しています（とはいえ、安倍政権になってからはトータルで約三〇兆円のプラスです）。

ＧＰＩＦは事実上、株式を売り買いして利益を上げる投資信託です。裁量で売り買いする投資信託なので、アクティブファンドといいます。ただ大変残念なことに、一般的にアクティブファンドはインデックスファンド（日経平均やＴＯＰＩＸなど、多くの銘柄の加重平均を表す指数）に勝つことは稀《まれ》です。

確かにインデックスファンドを上回る成績を上げるアクティブファンドは存在します。しかし、ある年に上回ったとしても、翌年も続けて上回ることはほとんどありません。三年連続なら奇跡です。

二〇〇〇年代に世間を騒がせた村上ファンドですら、運用利回りではＴＯＰＩＸといい勝負でした。ＧＰＩＦもしょせんアクティブファンドである限り、掟《おきて》から逃れられません。

が、インデックスに連動したファンドを使って年金運用すれば安全かというと、必ずしもそうではありません。リーマンショックのような大事件が起これば、株式市場全体がマイナスになりますので、インデックスファンドですら被弾します。実際に、リーマンショックのときにも、二〇一六年前半の世界同時株安でも、ＧＰＩＦは資産を大きく減らしました。

そもそも年金の運用において重要なのは、三〇年、四〇年先に物価上昇によって積立金の実質額が目減りしないこと、つまり物価に負けないことです。そこで私のお勧めは、物価連動国債です。

この国債は、物価が上昇した分だけ金利を多く受け取れるという優れた設計になっています。これなら無理して株式投資をしなくても、絶対に物価に負けません。

しかも、面倒なオペレーションは不要。毎月の年金払込額と同額の物価連動債を購入し、保護預かり口座にいれれば終わりです。債券の実物を管理する必要もありません。

これなら場所も取らないし、運用のために人を抱える必要もありません。自動取引でも対応可能です。何ならＧＰＩＦの職員を全部クビにして、事務所も返上してしまえばいいのです。大幅な経費の節減になることは間違いありません。

そして、最後に年金の徴収額を増やす施策を考えてみましょう。そのためには、まず徴収漏れを防ぐことです。

徴収漏れを防止するためには、腐りきった年金機構を解体することが先決です。「消えた年金」問題でも明らかなように、不祥事を隠すためなら、彼らは当時の野党である民主党と組んで情報をリークし、国会を空転させることも厭《いと》いません。自浄作用にはまったく期待できないので、国税庁と合併させて歳入庁とし、もう地上から消してしまうしかありません。

ところが、たいへん残念なことに、歳入庁構想には当の財務省が反対だそうです。国税庁はある種の「警察権力」であり、財務省の伝家の宝刀ですから、手放したくないのでしょう。たとえば政治家の税務上の瑕疵《かし》を握っておけば、財務省のパワーを高めることができます（まったく理屈が通っていませんが）。

このように、年金問題の解決策はすでに分かっています。しかし問題は、それをやらせないように抵抗している一部の既得権者、利害関係者にあります。その点をスルーして、年金そのものが破綻して消えてしまうかのように吹聴することは、本来の解決策から目を逸らす詐術《さじゅつ》のように思えてなりません。

年金を守るために本来やるべきことは明白です。しかし、それを実行に移すには、圧倒的な政治のパワーが必要です。そのパワーの源は国民の支持なのです。

しかし、マスコミは「年金ガー！」と騒いで、根本的な解決策には触れません。そうすることで国民は目覚めず、年金の既得権者は甘い汁を吸い続けることができます。

意識的なのか無意識なのかは知りませんが、マスコミも年金問題放置の共犯者なのです。

第四章　日本と中国とＥＵの近未来

Q27 一〇〇〇兆円を超える債務を持つ日本政府は、預金封鎖をして国民の財産を召し上げ、それを借金の返済に充てるのではないでしょうか？

A27 いいえ、現在の日本で預金封鎖をしても、政府にメリットはありません。

預金封鎖はインフレ対策

そもそも預金封鎖がどういうタイミングで行われるのか？　歴史を知らない人は適当なことを平気でいいます。たとえば日本で預金封鎖が行われたのは、戦争直後の一九四六年のことでした。連合国による占領下にある極めて特殊な時期です。

大東亜戦争の敗戦によって、日本は当時の国富総額の四一・五％に当たる約一三四〇億円にものぼる甚大《じんだい》な被害を受けました。それだけではありません。無差別爆撃による破壊や交通網の寸断で、製造業生産力は一九三五～三七年の一割以下、鉱工業生産力は一九三五年の二割強まで落ち込んでしまいました。

そこに、戦地から軍人が三六〇万人、軍需産業の従事者が一六〇万人、帰還してきます。しかも、中国大陸や南方からの引揚者など約六五〇万人がこれに加わりました。働く場所のないところにこれだけの人があふれれば、当然、大量失業が発生します。その数は、軽く見積もっても一〇〇〇万人以上だったといわれています。

ただし日本は、ポツダム宣言を受け入れたため、政府は存続していました。この点、政府までもが滅ぼされて連合国による軍政を敷かれたドイツとは違います。日本政府はこの状況を打開しようと奮闘しました。

一九四五年八月から一一月ごろまで、復員・解雇手当や軍需会社への補償金等のため、総額一四〇億円の財政支出をしました。一〇月以降、軍需生産停止に伴い経営危機に陥った企業の救済で銀行貸し出しが増えたため、日銀が貸し出しを増やし、それを支えます。もちろん、貸し出しの原資は貨幣の発行です。

しかし、国内は極端なモノ不足で、インフレが進行します。人々が物価の上昇前に物資を購入しようと預金引き出しに走り、そのせいで銀行経営は悪化……日銀はさらに銀行への貸し出しを急増させ、つまり貨幣の発行量を増やし、これらに対処せざるを得ませんでした。

貨幣量が急激に増加すれば激しいインフレになって当然です（しかし、この激しいインフレはハイパーインフレからは程遠かったことは後述）。国民の間には不満が広がりました。

そこで政府は、物価統制の対象から生鮮食料品を外すことで、より多くの物資が出回るように画策しました。表に出してもどうせ安い統制価格でしか売れなければ、売り手は闇市場でもっと高く売りさばこうとして、物資を隠匿《いんとく》します。物価統制の対象から外してしまえば、わざわざ闇市場に持ち込む理由はないので、物資が出回ると目論《もくろ》んだのでした。

政府は、一九四五年一〇月三日に生活必需物資のうち特定緊急物資以外のものについて配給を停止し、物価統制を緩和しました。

しかし、ＧＨＱは同年一一月六日に生鮮食料品の物価統制撤廃は認めましたが、生活必需物資の統制撤廃には許可を与えませんでした。それどころか、逆に統制を強化するという暴挙に出たのです。そんなことをすれば、売り手は物資を隠して表には出しません。いわゆる売り惜しみの発生です。

業《ごう》を煮やした政府は、一九四六年二月一六日に第一次総合インフレ対策を発表します。発表の翌日から金融緊急措置が実施され、旧円から新円への切り替えと、預金封鎖が行われました。

こうして二月一七日に銀行預金は封鎖され、旧円紙幣は三月二日をもって廃止されることが発表されました。旧円は新円と交換しない限り、その後は流通させることができません。問題の交換期間は、二月二五日から三月七日と定められました。

しかも新円への交換方法は、銀行預金を経由しなければなりませんでした。つまり、旧円を現金で所持している人は、この期間が終わるまでに銀行に旧円をすべて預け、後日引き出すことでしか、交換ができないようにしたわけです。

もちろん、新円への交換のために預け入れられた銀行預金は封鎖されています。封鎖された預金からの現金を引き出す場合は、原則的に、毎月世帯主三〇〇円、世帯員一人につき一〇〇円（三月三〇日からは、一律一人一〇〇円）までに限定されました。

これが世にいう預金封鎖と新円切り替えです。歴史を正しく認識すれば、預金封鎖がインフレ対策であり、闇市場から資金を表にあぶり出し、さらに隠匿《いんとく》物資が表に出てくることを意図して行われたことが分かります。

これは何も私の個人的な見解ではありません。財務省と日銀も公式に認める見解です。

〈戦後不足がちであった食糧の買いあさりの防止や、インフレ対策として預金封鎖と新日銀券への切替えを含む施策が二〇年一一月頃から検討され、司令部との折衝を踏まえ、二一年二月に「金融緊急措置」として実施された。これは、食料増産、インフレーション対策を含む経済緊急対策措置の一環として実施された通貨措置で、日銀券を新券と交換し、旧券を強制預入させ、預貯金の払出しを制限するという方法で、通貨と預貯金を封鎖し、浮動購買力

の抑止を意図したものであった〉

（大蔵省「財務局五十年史」二〇〇〇年三月刊）

〈政府は、この激しいインフレーションに対処するため、一九四六年（昭和二一年）二月一六日、「総合インフレ対策」を発表しました。この総合対策の柱となったのが、「金融緊急措置令」と「日本銀行券預入令」です〉

（日本銀行「お金の話あれこれ～新円切り替えと証紙貼付銀行券」）

預金封鎖を煽る人の狙い

未だに、この新円切り替えは、「戦争によって膨大な金額に膨れ上がった政府の借金を踏み倒すためだった」という陰謀論をいう人がいます。

当時の政府債務残高の規模を対国民所得比で表すと、一九四四（昭和一九）年度末の時点で、約二六七％に到達していました。現在の日本の債務総額（資産を差し引いた純額ではない）は約一〇〇〇兆円でＧＤＰの二倍以上なので、「日本の政府債務は戦争直後のような危ない水準だ！」と騒ぎ立てている人もいます。そういう人が、「もうすぐ預金封鎖が来る！」と、毎年、オオカミ少年をやっているわけです。

しかし歴史が証明するところでは、預金封鎖の目的はインフレ抑制、闇市場から物資と資金をあぶり出すことです。現在、日本のインフレ率は一％前後であり、闇市場の規模は大きくなく、隠匿物資は違法な薬物などの例外を除き、ほとんどありません。この状況で預金封鎖をして、政府にいったい何のメリットがあるのでしょう？

しかも現在、国債金利はマイナスであり、政府としては国債の借り換えは歓迎すべきタイミングです。ここでもメリットがまったく見えません。

さらに、世にいわれるほど一九四六年の預金封鎖の効果は大きくありませんでした。

確かに預金封鎖によって、日銀券の発行高は同年二月一八日の六一八億円から、三月一二日の一五二億円へと、一時的に収縮。物価上昇には歯止めがかかりました。しかし四月になると、日銀券は再び増加に転じ、九月になる頃には、旧円封鎖直前の最高発行高を簡単に突破してしまったのです。結局、物価はまた上昇に転じてしまいました。

戦時中は「欲しがりません、勝つまでは」で頑張った日本人でしたが、負けてしまったので「欲しがる」ようになって、しかも我慢できなくなってしまったのです。戦争中に抑え込まれていた日本国民の旺盛な需要を、誰も抑えることはできませんでした。

唯一の解決策は、物価統制などやめて、欲しいものを自由に売買させることです。物価統制のせいで価格が歪《ゆが》み、高く売れるものが高く売れないため、生産量も増えなかった……それは人々が欲しがるものが増産されないためにインフレが加速するという悪循環でした。無理やり預金封鎖で新円に切り替えてみたところで、人々の旺盛な需要を抑え込むことはできないのです。

しかも当時の物価上昇は、必ずしも悪いものではありませんでした。実は、ハイパーインフレのレベルには達していなかったのです。

この点について、大蔵省（当時）の財政金融研究所の論文には、次のように書いてあります。

〈一九四五年九月を基準とした自由・闇価格ベースの消費財物価指数を見ると、物価水準は一九四九年四月にピークを記し、三年七か月の間に八倍の増加を示した（引用者注：図表44・45）。これは倍率から言うと、公定価格ベースの上昇の一〇分の一以下である。また、この間の物価上昇を上昇率で見ると、連続複利計算したインフレ率は月率で四・九%、年率で五九%であり、公定価格ベースのインフレ率の概ね二分の一であった。しかし、いずれの基準で見ても、月次五〇%の物価上昇率をハイパーインフレーションの基準とした、Cagan（一九五六）の古典的な定義から言うと、わが国の戦後インフレはハイパーインフレーションからはほど遠いものであった〉

図表44　戦後期の消費財物価指数：1945年9月～1951年12月（1945年9月＝100）

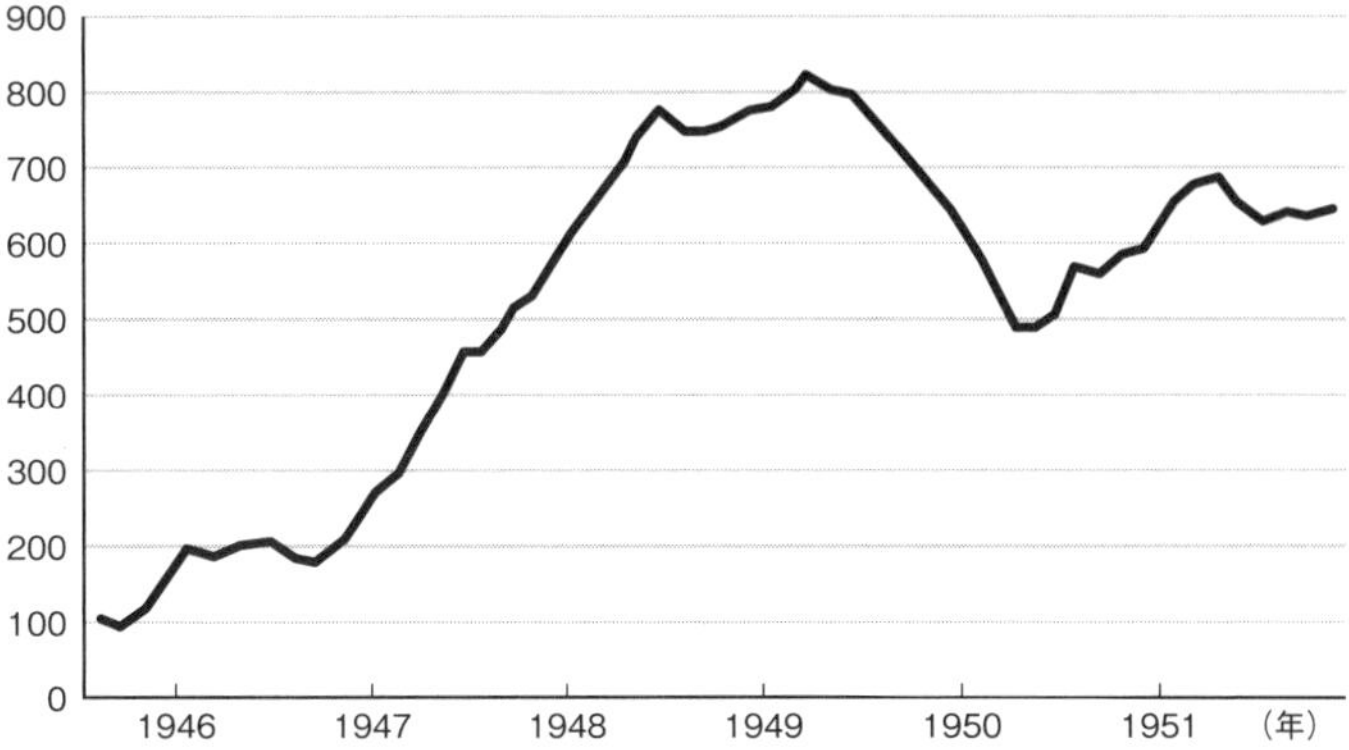

出所：大蔵省・日本銀行『財政金融統計年報』1948年　大蔵財務協会『財政金融統計年報』第19号、物価特集、1951年　経済安定本部物価局『物価要覧』1952年7月

図表45　戦後期の消費財物価指数：1945年9月～1951年12月（1945年9月＝100とした指数の自然対数値）

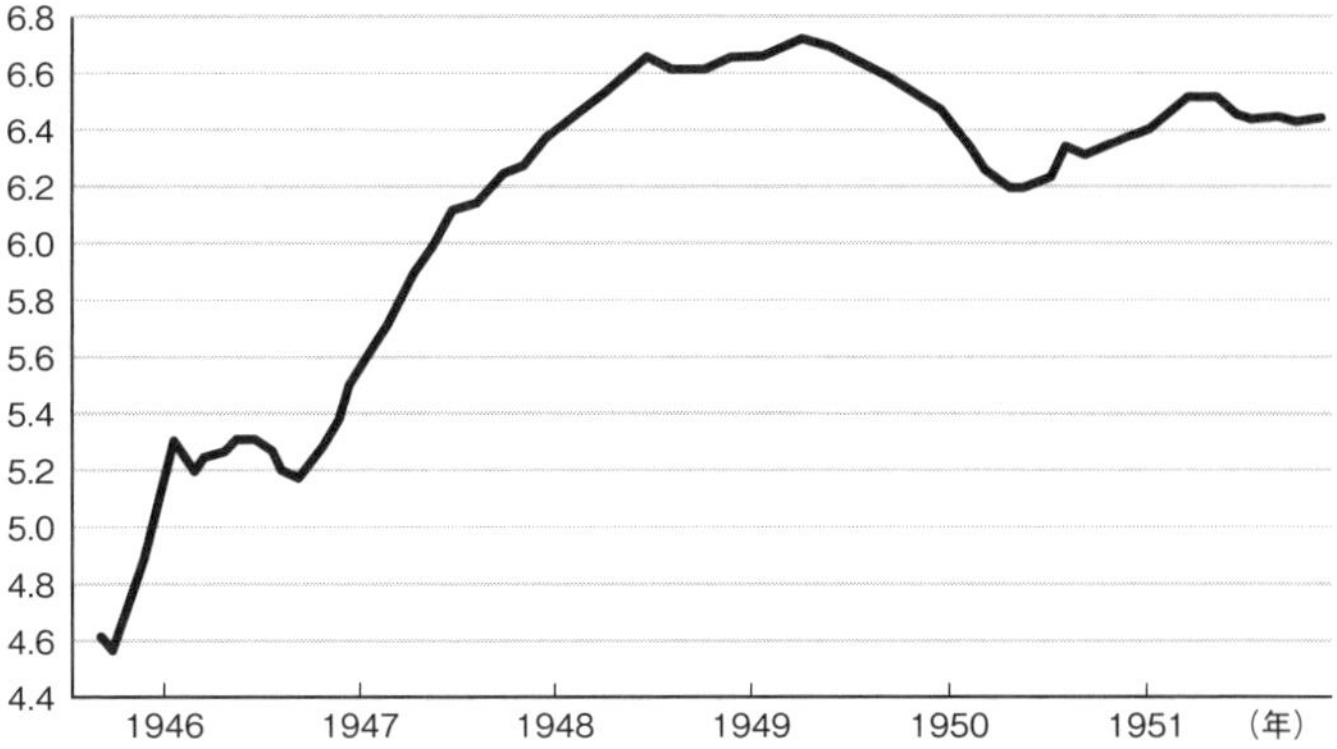

出所：図表44に同じ

当時の日本は戦災からの復興で需要が旺盛であり、インフレ率の上昇もハイパーインフレには程遠い状態で、実はインフレ率を無理やり抑制する必要もなかった。つまり預金封鎖は、インフレ対策としても必要のない政策でした。

さて、現代の日本で預金封鎖をするメリットが一体どこにあるのでしょうか？「預金封鎖が！」と煽って、何か別の金融商品を買わせる人には有用なセールストークかもしれませんが、大多数の国民にとって、それは迷惑なデマでしかありません。投資は自己責任ですので、皆さまお気を付けください。

現在の日本経済の状況は預金封鎖などの奇策をまったく必要としません。極めて標準的な経済政策である、日銀の金融緩和と政府による大規模な財政支出の組み合わせを根気強く続けていけばいいだけです。

預金封鎖などといった与太話は、本来やるべきこれらの政策を妨害したい人が吹聴《ふいちょう》しているデマです。

日本経済は私たちが考えている以上に、ずっと力強いのです。

Q28 一〇〇〇兆円もの借金を抱えた日本政府は、いずれ大量の紙幣を発行して借金返済に充てるので、結果としてハイパーインフレが起きるのでしょうか？

A28 いいえ、ハイパーインフレになる手前のマイルドインフレの時点でデフレを脱却し、債務問題は解決します。

ハイパーインフレの条件とは

お金を刷ることの唯一のペナルティはインフレです。逆に、お金をいくら刷ってもインフレが起こらないなら、これほど素晴らしいことはありません。有名な「バーナンキの背理法」をご存知でしょうか？

もし、お金をいくら刷ってもインフレが起こらないならば、政府は徴税をやめて、すべての財政支出を通貨発行で賄《まかな》うことができます。政府債務一〇〇〇兆円もお金を刷ればたちどころに解決できます。なんて素晴らしい！

……ちょっと待ってください。冷静になって考えてみましょう。歴史上そんな国は存在したでしょうか？　もちろん、そんな国はありません。お金を際限なく刷れば、いずれインフレが発生します。マイルドなインフレは経済的にはプラスですが、度を越したインフレは悪性インフレと呼ばれ、かえって経済パフォーマンスを低下させます。

では、マイルドインフレと悪性インフレの境界線は、どこに引けばいいでしょうか？　少なくとも四％程度のインフレまでは、マイルドインフレとして許容範囲内です。四％を超えてくるとある種のグレーゾーンに突入し、一〇％を超えると大部分の国では悪性インフレとなります。

なぜ「大部分の国」と限定を付けたかというと、その国の発展段階によって、一〇％程度のインフレでも経済にそれほど悪い影響を与えない場合があるからです。いわゆる新興国において経済は発展段階にあり、モノに対する需要は先進国より旺盛です。そのため、インフレ率は先進国より高めになることが多くなります。

主要な先進国と新興国の二〇一五年のインフレ率を比較すると、次のようになります（IMF資料より）。

〈先進国〉

日本	〇・七九％
アメリカ	〇・一二％
イギリス	〇・〇五％
ドイツ	〇・一四％
オーストラリア	一・五三％
〈新興国〉	
トルコ	七・六七％
インド	四・九三％
モンゴル	五・八九％
南アフリカ	四・五九％
ブラジル	九・〇三％

お金を際限なく刷り続ければ新興国レベルのインフレ率に達することは間違いありません。が、このレベルですら、ハイパーインフレと呼ぶには程遠い状況です。古典的なハイパーインフレの定義は、経済学者ケーガンによる「月率五〇％、年率一万三〇〇〇％」です。

ここまで激しいインフレを起こすのは、並大抵のことでは無理です。歴史上、ドイツ、ハンガリー、ジンバブエなどでこのレベルのインフレは発生しましたが、いずれも短期間で収束しました。その理由は、ハイパーインフレが発生する条件にあります。

ハイパーインフレを発生させるためには、主に以下の三つの要件のいずれかを達成する必要があります。

①生産設備の徹底的な破壊
②労働力の極端な不足
③高額紙幣の大量発行

第一次大戦後、ドイツで発生したハイパーインフレは、①〜③の要件をすべて満たしたことによって発生しました。

①フランス・ベルギー軍によるルール工業地帯の占領
②①に抗議したドイツの労働者のゼネスト
③ゼネスト支援のため、大量の補助金を支給（財源は通貨発行）

ジンバブエの場合は次の通りです。

①ムガベ大統領の差別的な政策により白人農業技術者を追放（農業の生産性低下）
②農地の荒廃による労働生産性の極端な低下
③すべてを補助金で解決しようとしたバラマキ政策（財源は通貨発行）

日本にハイパーインフレは来ない

しかし、ハイパーインフレは長くは続きませんでした。

ドイツの場合はレンテンマルクという新しい貨幣を発行することで、大量にばら撒いた旧マルクを回収し、ハイパーインフレが終息しました。ジンバブエではジンバブエドルの流通を停止し、米ドルを公用通貨に定めることで、ハイパーインフレを終息させました。ジンバブエはデフレになってしまったというおまけ付きです。古典的な定義におけるハイパーインフレですら、貨幣量を減らすことによって終息させることは可能だったのです。

このような特殊なケースを除き、歴史上ハイパーインフレが発生したことはありません。なぜなら、物価はある朝突然、一万三〇〇〇〇％にジャンプすることはないからです。

ですから、マイルドインフレを超えて望ましくないレベルまでインフレ率が上がりそうになったら、政府および中央銀行は直ちに増税や金融引き締めを行って、この状況を修正できます。多くの国がそうしてきたからこそ、ハイパーインフレの発生は歴史上ごく稀《まれ》なケースにとどまっているのです。

ドイツの場合は第一次大戦後の特殊な時期であり、ジンバブエの場合は独裁政権下でした。現在、日本がそういう状況に置かれているかというと、まったくそうではありません。むしろ、安倍総理は閣僚のなかでも一番、経済学を理解しています。

確かにハイパーインフレになれば政府債務は帳消しにできますが、そのメリットを埋めて余りあるデメリットがあるため、通常の政策として採用されることは、まずありえません。

ちなみに国際会計基準では、ケーガンの定義よりかなり低めの「三年間の累積インフレ率が一〇〇%に近いか、一〇〇%を超えている」という「超インフレ」の定義があります。これは正確にいうと、国際会計基準のIAS第二九号という「超インフレ経済下における財務報告」をするために定められたマニュアルを適用するための目安です。

このマニュアルは、超インフレ国で財務諸表を作成する際の注意点を述べたものです。通貨価値の変動が激しいこれらの国における財務諸表において、資産の評価は、取得原価でも現在価値でもなく、各期末の報告日時点での測定単位で表示しなければならない、と定められています。物価変動が激しいので、巨額の含み益や含み損が生じやすいための緊急措置といえるでしょう。

逆にいえば、この基準を適用してもらえれば、資産価格の変動リスクを表面化させないようにできます。そこで、南米諸国などインフレ率が高い国では、むしろハイパーインフレ認定の基準の緩和を求める声が出されました。二〇一五年四月の国際会計基準審議会では年率八％といった極端な提案も出されたようです。

もちろん、そんな虫のいい提案は却下されました。議事録には「ＩＡＳ第二九号におけるインフレの閾値《いきち》を引き下げる提案はしないこと、また、インフレをより全般的に扱うＩＡＳ第二九号の代替案又は基準の開発に関する作業を行わないことが暫定的に決定された」との記述があります。

ハイパーインフレになるはずのない日本でそれを恐れている人がいるかと思えば、地球の反対側ではむしろハイパーインフレ認定を受けることでちゃっかり得をしようと画策している人がいたようです。本当に人生いろいろですね。

少なくとも現在の日本経済に、ハイパーインフレの危険性はありません。むしろ現実には、ちょっとしたことで円高が進んでしまうことのほうが問題です。ハイパーインフレとか騒いでいる人というのは、何か「逆向き」に騒いでいる感じがしてなりません。

Q 29 日本国は破産しそうなので信用できません。いまのうちに金や米ドルを買っておいたほうがいいのでしょうか？

A 29 日本国が破産するかどうか心配するより、自分の資産配分が間違っていないか注意してください。

リスクの高いＦＸの正体

日本の政府が信用できないなら、日本を捨てて海外で暮らすというのが究極の選択肢です。しかし、すでに日本で仕事をしていたり、日本に家族がいたりすると、子どもの学校の関係などで、簡単に海外移住することはできませんよね？

そこで、日本の破産リスクに備えていつでも海外で暮らせるように、資産の一部を外貨や金などのコモディティ（商品）に変えておくというのは、確かに一つのやり方かもしれません。

とはいえ、日本が破産するまでの間は日本で暮らすわけですし、何かと日本円も入り用です。貯金を全額外貨にしてしまったら、下ろして使おうとするたびに両替手数料を取られてしまいます。銀行で現金に両替しようものなら、一ドルあたり二円近いボッタクリ手数料を取られます。

これでは日本が破産する前に、こちらが破産してしまいます。

国家破産が怖い、でも当面は日本円でしか貯金できないというあなたに、画期的な商品をご紹介しましょう！

世の中にはたくさんの金融商品が出回っていて、なかには日本が経済危機になったときに巨万の富を得られるものもあるのです。円が紙屑《かみくず》になるときに、大金持ちになれるなんて、素敵ですよね？

今回ご紹介するのは、巷《ちまた》で噂《うわさ》の「外貨証拠金取引（ＦＸ）」です。

ＦＸは少ない元手で始められます。なぜなら、差し入れた証拠金にレバレッジを掛けて何倍にも大きくして取引ができるから。もし日本円が紙屑になることが確実なら、いまのうちに大量の円を売って、将来紙屑になったときに買い戻せば、大儲けが期待できます。

現在、日本では実際に差し入れた証拠金の二五倍まで「売り」のポジションを取ることができます。つまり、四万円を証拠金として差し出せば、なんと一〇〇万円の外貨を貯金したことと同じなのです。これなら何とかなりそうですよね。

たとえば、一ドル一〇〇円のときに、四万円の元手を二五倍のレバレッジを掛けて運用したとしましょう。四×二五＝一〇〇なので、一〇〇万円の円売りによって、一万ドル受け取ることができます。その後、円が紙屑になって一ドル一万円の超円安となれば、一万×一万で一億円を受け取ることができる……これはすごい！

でも、よく考えてみてください。一般的なＦＸの決済方法は反対売買ですが、それをやってしまうと、利益を日本円で渡されてしまいます。すでに日本円は紙屑ですから、一億円もらったってうれしくありません。どうせならドルで受け取りたい。

そこで、「現渡し」という方法をお教えしましょう。

最初に約定《やくじょう》した一ドル一〇〇円のレートで一万ドル分の日本円を現金で差し入れ、引き換えに一万ドルを受け取ります。多少手数料は抜かれますが、紙屑の日本円よりはマシです。現金が一〇〇万円必要ですが、保証金が四万円ありますので、それを差し引いて、実際には九六万円で問題ありません。

ハイパーインフレが発生しているので、九六万円の通貨価値は、おそらく現在の九六円ほどしかありません。楽勝です。それぐらいのお金は駅のゴミ箱で簡単に見つかるでしょう。

ＦＸ取引によって予め《あらかじ》一ドル一〇〇円のときにドルと交換することを約定してしまえ

ば、その後為替レートがどのように変化しようが、ずっと一ドル一〇〇円で交換する権利を保持することができます。この仕組みさえ知っていれば、国債暴落の大ショックが起こっても慌てる必要はありません。

とはいえＦＸはリスクが高く、一般の人はなかなか手を出すのは難しいところがあります。そこで、お勧めの業者をご紹介します。なんと日本には、国が保証するＦＸの公設市場があるんです！　この市場は「くりっく３６５」と呼ばれています。

「くりっく３６５」は、東京金融取引所が扱っている公設のＦＸ市場。東京金融取引所では、財務省の大物次官の齋藤次郎《さいとうじろう》氏が、初代社長を務めております。もう国のバックアップは万全です。

「くりっく３６５」で取引をするためには、取り扱いのある証券会社と契約する必要があります。インターネットで「くりっく３６５」と検索すればたくさんの証券会社がヒットしますので、ぜひやってみてください。

「くりっく３６５」のメリットは取引価格です。複数の金融機関の示すレートから一番有利なものを自動的に選んで提示してくれるのです。

また、証拠金の分別管理、取引先の金融機関の信用調査などは当然、徹底しています。素晴らしい、これなら安心です。

おっと、大事なことを言い忘れてました。「くりっく365」は元本保証ではありません。極めてリスクの高いレバレッジを使った差金決済取引です（「現渡し」もできません）。予想が外れて相場が思わぬ方向に展開した場合は、元本がマイナスになることもあります。たとえば、二〇一六年二月から四月にかけて、一ドル一二〇円台の円安から一気に一ドル一〇七円台まで、一〇％近い円高が発生したことがあります。あのとき多くの人が「ロスカットルール」によって証拠金を失いました。

ＦＸでは損失が無限に拡大することを防ぐため、預託保証率が一定の割合を下回ると、強制的に反対売買をしてポジションを閉じるのが一般的です。急激な相場変動はロスカットルールを発動しやすく、多くの人がその巻き添えを食らって大損しています。

たとえば、預託証拠金の八〇％をロスカットルールとしている場合、差し入れた証拠金の二割に相当する損失が出た時点で強制的に打ち止めとなります。ですから、四万円を二五倍にレバレッジして一〇〇万円分のドルを買った場合、円高になってその価値が九九万二〇〇円になるとロスカット発動、ということになります。

これは率にして〇・八％ほどの変動。ドル円相場の値動きがどれぐらい激しいか……一日〇・八％どころか、数時間で一％ぐらいは軽く変動します。

この変動の激しさゆえに、ＦＸは非常にリスクの高い取引といわれています。

図表46　金価格とドル・円レートの推移

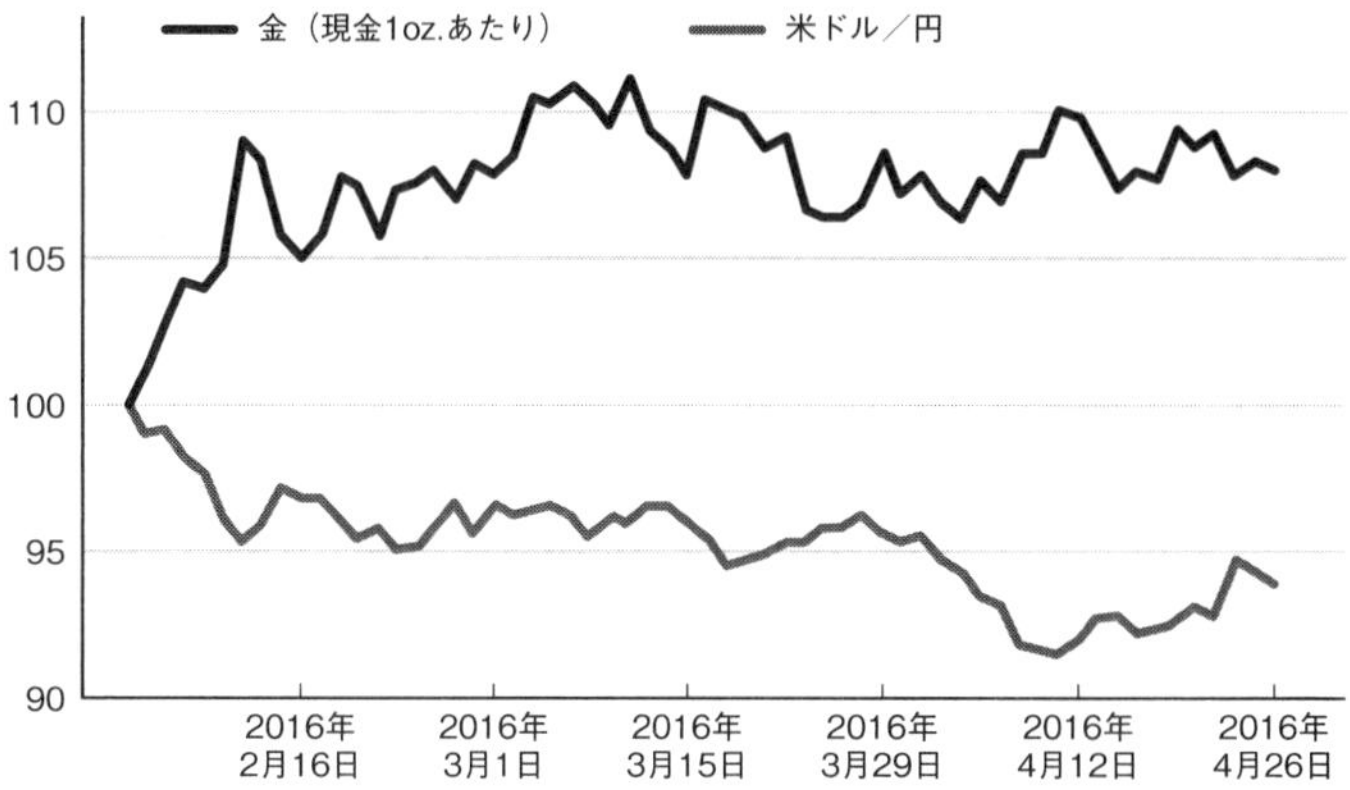

出所：SBI証券

日本経済の潜在能力を信じれば

価格変動が激しいということなら、金価格も負けてはいません。二〇一六年前半の三ヵ月の価格変動を示したグラフは、図表46の通りです。比較のためにドル円チャートも載せておきます。

ドルと金価格は基本的に逆相関の関係があります。この三ヵ月はドル安が進んだので、金価格は上がりました。もし、ドルと金を両方持っていたら、ドルの値下がり分を金が埋めて、損失と利益が相殺されていたかもしれません。ただ、金価格もドルと同じぐらい変動が激しいことは間違いありません。

また、このときはたまたまセオリー通り逆相関となりましたが、短期的にはセオリーが働かない場合もあります。

グラフを細かく見てみると、数日間ですが、ドルと金が同時に上がったり下がったりしている時期があります。金買い＋ドル買いのポジションを建てた後に、数日、金とドルが同時に暴落したら、どちらもロスカットルールを適用されてしまうかもしれません。そのときは日本が破産する前にあなたが破産してしまうでしょう。

結局、こんなリスクの高い取引をするより、マジメに働いてお金を稼いだほうがマシではないでしょうか？　そもそも事の発端《ほったん》は、「日本が破産する」という根拠のない妄想です。日本経済の現状について、経済学の知見に基づいて判断すれば、その潜在能力の高さに気づくはずです。

根拠のない与太話を信じたばかりに、リスクの高い投資に財産をつぎ込むような愚かなマネは、絶対にしないでください。

Q30
中国経済の停滞で「爆買い」も下火になったと報道されていますが、もし中国バブルが崩壊したら、日本も大不況になるでしょうか？

A30
「もし中国バブルが崩壊したら」という条件がありますが、もう中国バブルは崩壊しているので、「もし」などと仮定をする必要はありません。

すでにマイナス成長の中国経済

二〇一六年春、「ウォールストリートジャーナル」紙に、次のような記事が掲載されました。

〈How China's debt fix could make things much worse（中国の不良債権処理が、いかに事態をさらに悪化させるか）〉

この記事によると、ＩＭＦが推計した中国の不良債権は一・三兆ドルで、もしこれが返済不能に陥ると、中国のＧＤＰ七％に相当する莫大な金額が銀行の損失になるということです。間違いなく銀行は倒産し、金融システムは重大な危機に陥るでしょう。

ところが、中国の銀行の公式発表によると、不良債権はＩＭＦの推計のたった六分の一の〇・二兆ドルしかないことになっています。公式発表の不良債権比率は一・六七％です。

ところがＩＭＦの推計をベースにすると、不良債権比率は一一％に跳ね上がります。日本の銀行がバブル崩壊後に記録した不良債権比率は最大値で約八％（大手行八・七％、地方行八・一％：日銀調べ）……すでに中国の不良債権問題は、爆発寸前といっても差し支えありません。

こういうときは本来、政府が中心となって不良債権処理のイニシアチブをとる必要があります。たとえば、債務と株式を交換するデット・エクイティ・スワップ（ＤＥＳ）などの手法を活用したり、日本のように不良債権を処理する整理回収機構を作ったりして、早急に不良債権問題を解決すべきです。

ところが中国の場合、物事はそう簡単には行きません。なぜなら、たいていの企業は共産党の幹部や軍との結び付きが強く、不良債権処理は即、政治闘争に発展してしまうからです。

過剰生産が長年問題になっているにもかかわらず、事実上、何の解決策も実行できない理由も、まさにここにあります。ゾンビ化した国営企業をつぶそうとしても、共産党や軍の利害関係が複雑に絡み合っているため、手を付けられません。

かつて日本も高度成長から低成長へと転換しましたが、そのときに日本が行ったのは投資から消費への経済構造の転換と、さまざまな自由化による海外への市場開放です。中国経済が今後も持続的に成長を続けたいのであれば、これは避けて通れない道ですが、共産党一党独裁が続く限り、それは難しいでしょう。

その中国共産党が最後に頼るのは、虎の子の外貨準備三・二兆ドル。しかし、これについても、実際には公表されている金額よりずっと少ないのではないかという疑惑があります。

彼らは豊富な外貨準備があると喧伝《けんでん》しながら、二〇一五年、外銀から五〇〇〇億ドルの外貨を新規に借り入れました。また、「パナマ文書」で多数の中国共産党および軍関係者の名前が取り沙汰されましたが、すでに相当な額の外貨が海外に不正流出した可能性も指摘されています。失敗した海外投資を額面金額のまま計上しているのではないか、という意見もあります。

数年前までは、「二〇四〇年には中国のＧＤＰがアメリカより大きくなる」などといわれていましたが、いまそんなことをいっている人は、ほとんど消えました。二〇一五年六月から、上海総合指数は、五〇〇〇ポイントのバブル水準から一気に半値まで大暴落しました。このとき共産党は、株を売る人を捕まえて市場価格を維持しようとし、世界中の投資家から笑いものになりました。

経済成長率は公式統計でも七%を割り込みました。もちろん、この数字は操作されたものですから、実際にはもっと酷いことになっているでしょう。一説によれば三%とも、すでにマイナス成長ともいわれています。

外為特会の三〇兆円で消費税減税

中国は日本の隣国ですし、経済が崩壊したら当然、その影響はあるでしょう。特に爆買いに頼っていた一部の小売業などには大きな影響が出るかもしれません。

しかし、本当にそうなるかどうかは少し冷静になって考える必要があります。中国のバブル崩壊の「マグニチュード」は想定よりも小さいかもしれないのです。

中国のGDPは世界第二位といわれていますが、実際には統計の粉飾で作られた数字である可能性があります。嘉悦大学教授の髙橋洋一氏によれば、中国のGDP集計の技法は旧ソ連の「職人」から受け継いだもので、現在のGDPの数字についても本当に額面通りなのかどうかは分からないということです。

〈たとえばアメリカのノーベル経済学賞受賞者のポール・サミュエルソン。彼はソ連が出すデタラメ数値を信じて、「ソ連は成長している」と言い切ってしまった。サミュエルソンほどの偉人ですら騙されてしまう。それだけ、統計データの虚偽を見抜くのは難しいことなのである。

しかも、ソ連がやっていた捏造は、半端なレベルではない。

ソ連が崩壊してみて初めてわかったことだが、実は、そのGDPは半分しかなかった。一九二八年から一九八五年までの国民所得の伸びは、ソ連の公式統計によると九〇倍となっているが、実際には六・五倍しかなかった。平均成長率に至っては、八・三%成長しているとしたのに、実際は三・三%しかなかった……〉

(「現代ビジネス」髙橋洋一：中国「GDP世界二位」の大嘘を暴く！〜デタラメな数字を産む統計偽装のカラクリが分かった)

中国がソ連と同程度の粉飾をしていたのであれば、そのGDPは、額面の半分どころか三分の一以下である可能性もあります。

では、中国経済が崩壊したり、長期の停滞に陥ったりした場合、日本もその影響で景気が悪くなるのでしょうか？　そうなるかどうかは、政府と日銀のやる気次第です。なぜなら、日本はその悪影響を遮断《しゃだん》するための手段を持っているからです。

現在、日本の消費は低迷していますが、その原因は二〇一四年四月の消費税増税です。財務省と御用学者の説明によれば、増税の悪影響は一時的で、すぐに回復するということでした。が、二〇一五年に入っても消費の戻りは鈍く、悪影響を脱したとは言い難い状況です。

これだけ消費低迷の原因がハッキリしているのであれば、逆に消費税を減税して消費を喚起する、そうすれば問題は解決します。

そのための財源もあります。アベノミクスによって一ドル八〇円の超円高から一ドル一〇〇円以上の円安になりました。このことで政府資産は莫大な含み益を計上しました。外国為替資金特別会計（通称「外為特会」）には三〇兆円の含み益が積み上がっています。これを全額吐き出して、消費税減税の財源にすればいいのです。

そもそも、日本のGDPに占める輸出の割合は一割程度です。残り九割の内需がしっかりしていれば、中国経済崩壊の悪影響は、かなりの割合で遮断できます。

消費税を減税してその悪影響を取り除き、将来的な増税も凍結して人々の期待を変えてしまえば、日本経済は大きく飛躍することになるでしょう。

日本にはそれを実行する能力があります。問題はその能力を使うかどうかということです。

Q 31

中国の経済データは、本当に嘘っぽく感じられます。ＧＤＰが一〇〇〇兆円あるっていうのも本当なのですか？

A 31

たぶんウソです。なぜなら、共産党という組織が、目的のためには手段を選ばない恐ろしい組織だからです。統計の粉飾ぐらい朝飯前です。

中国ＧＤＰの嘘を示す五つの要因

嘉悦大学教授の髙橋洋一氏の著作『中国ＧＤＰの大嘘』によれば、中国のＧＤＰ統計が信用できない理由は以下の通りです。

①経済の規模が大きいわりに変動が少ない
②国家統計局と各省・各市の経済統計データが一致していない
③経済成長率が八％と発表された年に電力消費が一〇％落ち込んでいる

④リーマンショックが発生しても失業率はほぼ一定
⑤輸入が一〇％以上減っているのに経済成長率が七％近くもある

基本的に数字の辻褄《つじつま》が合わないというのが中国の経済統計の特徴です。経済学が想定しない事態が起こっているというより、何か一つの数値を粉飾したために、他の数値をいじっていたら、最後は収拾がつかなくなってしまった、という感じではないでしょうか。

日本の場合、ＧＤＰは内閣府、物価や失業率は総務省統計局、雇用動向調査は厚生労働省、貿易統計は財務省といった形で、複数の政府機関が異なる側面から数値を集計しています。ＧＤＰと失業率の間には「オークンの法則」という負の相関関係があったり、物価と失業率の間には「フィリップス曲線」で知られる逆相関の関係があったりします。各政府機関が算出した値をこれらの法則に当てはめてみると、日本の場合は数字がすべて整合していますす。

しかし、中国の経済統計で同じような検証をすると、まったく数字の整合が取れないのです。もうこの時点でアウト！

しかし、問題は数字の不整合だけではありません。中国の経済統計は、サイゼリヤもびっくりの提供スピードなのです。

日本より経済規模も大きく（自称ですが）、国土も広く、人口も一〇倍以上いる国であるにもかかわらず、中国のＧＤＰ統計は、〆日からたった三週間ほどで発表されます。しかも、一度発表された数字は二度と変更されることはありません。つまり、確報値です。

中国の統計局の官僚たちはよほど優秀なのか、それともこの数字が作られたものであるか、いずれかです（間違いなく後者でしょう）。

日本の場合は、季節要因や年に数回しか発表されない数字などを後で入れ直して再計算するため、ＧＤＰの集計については、一次速報、二次速報、確報があります。時間をかけることで、あらゆる要素を反映させて、より正確な数値を求めるためです。そのため、年度ごとのＧＤＰ統計の〆日は三月末日ですが、確報が出るのはその年の一二月になります。

日本ですらこれぐらい時間がかかるのに、経済規模が日本より大きいと称する中国で、そんな早業《はやわざ》ができるわけがありません。

日本のＧＤＰは未だに世界二位

髙橋氏の前掲書によれば、旧ソ連は統計の粉飾によりＧＤＰの規模を二倍に膨らませていたそうです。中国の統計は旧ソ連時代の「技術」によって作られているので、おそらく似たようなことになっているかもしれません。

ただ、本当にそうなっているかどうかは、いまの体制が崩壊してすべての資料が表に出てきたときでないと分からないのです。もはや経済の問題というより、危機管理の問題として捉えたほうがいいかもしれません。

現在、中国では、共産党という「軍閥政権」が独裁国家を作って統治しています。この国では民主的な選挙は行われていません。よって、共産党が中国人民を支配することについての正当性はありません。ある日突然、暴力によって国を支配する集団が現れ、未だにその集団が国を占拠しているだけです。

しかし、共産党は国を統治していることの正当性をどんな屁理屈でもいいので人民に示す必要があります。そこで、彼らは歴史の捏造《ねつぞう》を行いました。「日本の植民地支配を終わらせたのは共産党だ」というファンタジーです。

大東亜戦争当時の中国大陸は現在のシリアみたいなもので、一応、中華民国政府は存在していたものの、各地に軍閥が割拠《かっきょ》し、泥沼の内戦状態でした。そんななか日本が中国大陸で戦っていた相手は、主に蔣介石《しょうかいせき》の国民党軍や張学良《ちょうがくりょう》などが率いた大軍閥でした。

共産党は当時のマイナーな一軍閥に過ぎませんし、国内を逃げ回って（これを「長征」と称している）、徹底的に日本軍との衝突を避けていました。なぜなら、共産党は日本軍との戦闘を避けて戦力を温存し、自分と敵対する国民党軍と日本軍につぶし合いをさせようとしたからです。

そして共産党は、延安《えんあん》に閉じこもって仲間同士で殺し合いばかりしていました。「延安整風」という大規模粛清です。一万人以上の人が犠牲になったといわれています。毛沢東《もうたくとう》は、共産党内で自分の独裁的な権力を確立するため、戦力的に弱体化することなどまったく気にせず、残虐なリンチを続けたのです。

この共産党は、日本がポツダム宣言を受諾すると真っ先に満洲に向かいました。ソ連軍と協力して日本軍を武装解除させ、武器を奪い、さらに軍事技術者を拉致《らち》して無理やり内戦に協力させるためです。

日本軍から奪った武装と人材を使い、共産党は国民党を総攻撃して台湾に追い落としました。いまの中華人民共和国があるのは、実は日本のおかげなのです。

ところが、いまの中国の歴史教科書では、共産党が日本軍を追い出して植民地支配を終わらせた、ということになっています。これは明らかに歴史的事実とは異なります。

しかも、中華人民共和国成立後、政策の失敗によって大東亜戦争とは比べものにならない数の犠牲者を出した件については、未だに事実を隠蔽《いんぺい》しています。最近の研究によれば、大躍進政策の犠牲者は、死者だけでも六〇〇〇万人に及ぶそうです。また文化大革命については、未だに犠牲者の数には諸説ありますが、一億人以上の人が被害を受け、死者は二〇〇〇万人ともいわれています。

一九八九年には、丸腰の学生たちを戦車で轢《ひ》き殺した天安門事件も起きました。この事件の犠牲者も、当時の中国共産党がソ連共産党に報告した人数は三〇〇〇人ですが、本当はその二倍ぐらい亡くなったのではないかといわれています。

共産党というものは、自分に都合の悪いことは、とにかく隠します。そして自らの支配を正当化するためなら、歴史の捏造など朝飯前です。国家の成立から、政策の失敗まで、これだけウソがまかり通る国において、GDPの統計が信じられるわけがありません。

私たちが通常の文明国に対して持っている常識は捨ててください。経済統計どころか、あらゆる数字や事実が、共産党の都合のいいように、すべて操作されていると思ってください。

GDPについても、未だに日本が世界二位である可能性が非常に高いのです。

Q32

一方、ＥＵを作り上げたヨーロッパ諸国は今後、アメリカに対抗するような経済圏を完成し、中国のせいで一大アジア経済圏を作れない日本は、どんどん取り残されていくのでしょうか？

A32

いいえ、いまＥＵは大きな壁にぶつかっています。特にＥＵの外縁部にある国、そして経済状況が悪い国は、ＥＵから離脱する可能性が高まっています。そう、イギリスのように……。

共通通貨ユーロの大きな弊害

正直なところ、ＥＵの経済はうまく行っていません。リーマンショックの後に発生した欧州債務危機は現在のところ沈静化しています。しかし、その原因が共通通貨ユーロの存在そのものにあるため、いずれこの問題は深刻化する可能性が残っています。

本来、共通通貨は、最適通貨圏を超えて設定することができません。ところが現在のユーロ圏には、ギリシャからドイツまで地域も経済構造もバラバラな国が参加しており、明らかに最適通貨圏を超えています。

そのため、ギリシャに最適化した金融政策は、ドイツにとっては緩和し過ぎになってしまったりするのです。欧州中央銀行はリーマンショック後、二度の量的緩和を行いましたが、ヨーロッパの景気はそれほど良くなっていません。

BREXIT《ブレグジット》（イギリスのEU脱退）という考えが出てきたのは、この欧州債務問題が発《ほっ》端《たん》です。保守党の党首だったデイヴィッド・キャメロン氏は、二〇一〇年の総選挙で、「もし我々がいまユーロに参加していたら、皆さんの税金や国民保険料は、病院、学校、警察へは行かず、ギリシャやほかの国の救済に使われていただろう」という趣旨の発言をして、EUに懐疑的な有権者の支持を集めました。しかし、BREXIT自体には反対で、二〇一六年六月の国民投票でそれが決定されると、すぐに首相を辞任することを決断しました。

このBREXITの流れを加速させたのは、大量の難民問題。シリア内戦に伴い二〇〇万人もの難民がヨーロッパに流れ込んできたからです。ドイツのアンゲラ・メルケル首相が、無責任にも、これら難民の全面受け入れを発表したことで、拍車がかかりました。難民に対する財政負担の増加に付き合わされるのを、多くのイギリス人は良しとしなかったのです。

そもそもEUの問題点は、立派な理念に実態が伴っていないことです。政治統合の問題を脇に置いて、メリットを享受しやすい経済統合だけをガンガン進めた結果、いろいろなところに問題が発生してしまいました。

第二次世界大戦で壊滅的なダメージを受けたヨーロッパでは、二度と戦争を起こさないため、まず資源の共同管理をする試みが実施されました。それは一九五〇年五月にフランス外相ロベール・シューマンが提唱した「シューマン・プラン」を基礎とし、一九五二年、「欧州石炭鉄鋼共同体」によって結実します。フランス、西ドイツ、イタリア、ベルギー、オランダ、ルクセンブルクといった、いわゆる西ヨーロッパ諸国がこの共同体に加わりました。

同じ発想に基づいて、欧州経済共同体と欧州原子力共同体が設立されるに至り、これら三機関が、一九六七年、欧州委員会と欧州共同体の理事会の下で統一されました。これが、組織としてのＥＵの始まりです。

もともと古典的な汎ヨーロッパ主義には、オスマントルコなど東からの脅威にヨーロッパが連帯して立ち向かうという、安全保障的な考え方がありました。当時のＥＵにも、米ソ超大国に対抗しうるヨーロッパという観点がありました。地政学的な理由からギリシャをＥＵに加盟させたのも、そのためです。

とはいえ、まだこの時期には共通通貨ユーロは存在せず、後にこれがどれほどの悪影響を及ぼすかについて知る人は、ほとんどいませんでした。

さて、理念としては立派な「一つのヨーロッパ」でしたが、歴史や民族構成から政治的統合は非常に難しく、なかなか前に進みませんでした。政治的統合が難しいとなると、やれることは経済的統合……共通通貨ユーロというのは、このような流れのなかで必然的に出てきたアイデアの一つでした。

ところが共通通貨の導入は、域内各国の経済的格差の調整弁として機能していた為替レートの変動を放棄することを意味します。たとえばユーロ加盟前のギリシャなら、仮に財政赤字に陥った場合、政府が自国通貨ドラクマを大量に発行して為替レートを切り下げ、国内の産業の競争力を維持することができました。副作用としてインフレにはなりますが、景気の回復によって税収が増えれば、財政問題はある程度解決できます。

ところがユーロに加盟した後のギリシャでは、自国通貨の切り下げによる景気刺激策が採れません。ひたすら緊縮財政によってユーロをかき集めて赤字の穴埋めをするしか手段がなく、そのことによって景気が悪くなり、かえって危機が助長されるという弊害《へいがい》を生んでいるのです。

日本が貿易で得る大きなチャンス

本来のEUの理念では、域内でほぼ完全な自由貿易が行われ、人々は雇用機会を求めて自由に移動するので、これらは自然に調整されるはずだ、ということになっています。が、実際にはまったくそうなっていません。

欧州債務危機はいったん終息したかに見えますが、実はこの構造的問題はまったく解決していません。しかも、ユーロの事実上の盟主であるドイツには、緊縮財政を徹底すれば財政再建ができるかのようなデタラメを信じている人がたくさんいます。

ノーベル経済学賞を受賞した経済学者ポール・クルーグマン氏にいわせれば、「ドイツは違う宇宙に住んでいる」のだそうです。

いまの状況を改善するためには、ドイツなど余裕のある国から、ギリシャなど余裕のない国に補助金を出すしかありません。しかし、「違う宇宙」に住んでいるドイツ人が、そんなことを認めるわけがない。まったく同じ理由で、イギリス人も、欧州債務危機に巻き込まれるのはまっぴら御免だし、難民のために財政支出を増やすなんて絶対にあり得ない、と思っているわけです。

イギリスの本音は、関税ゼロや入国手続きの簡素化など、貿易上のメリットだけは享受しつつ、南欧諸国の債務問題や難民問題にお金を出すのは嫌だということでした。相変わらずの強《したた》かぶりを発揮したわけですね。

かつてＥＵは、アメリカの経済規模を超えて新たな軸になるといわれましたが、いま実際に直面しているのは、その崩壊の危機です。実際に、ドイツやフランスは政治統合を進めようと躍起《やっき》になりましたが、イギリスが大ブレーキを掛けました。また、難民の流入を防ぐために、国境線を事実上取っ払った約束（シェンゲン協定）が有名無実化しつつあります。

さらに、フランスやドイツにおいては、難民の流入反対を唱える政党が多くの支持を集めるようになりました。下手をすると、本当に内部崩壊してしまうかもしれませんね。

日本はアメリカなど環太平洋諸国とＴＰＰという貿易協定を推進しています。アメリカ大統領選挙の結果によっては、この協定が破棄される可能性もありますが、いまのところ大筋合意を経て、各国の議会が承認する段階まで進みました。ユーロが内輪揉《うちわも》めしている間に、ＴＰＰが成立してしまう可能性も出ています。

情勢を客観的に見極めれば、日本だけが置いてきぼり、というわけではありません。むしろ、今後成長が期待できるアジア地域をＴＰＰに取り込んでいるため、大きなチャンスをゲットできそうな状況です。

日本には、とにかく悲観的な見方をすれば、それが「現実的な見方認定」を受けてしまうという不思議な文化があります。いや、これは文化ではなくて悪弊ですね。

そういう悪弊にまみれたマスコミだけを情報源にするのは、とても危険なことです。ネットなどを使って幅広く情報を収集すれば、おのずと現実は見えてくるでしょう。

Q33

巷間《こうかん》よく囁《ささや》かれますが、ＥＵに属するギリシャのように政府の借金が多い日本経済は、同様の経済危機を迎えるのでしょうか？

A33

「政府債務が増え過ぎると経済危機を迎える」という主張は、数年前に完全に論破されました。この主張の唯一の根拠となる論文に、重大なミスが発見されたからです。

政府債務で成長できないという嘘

その論文（邦題『国家は破綻する』という名の本）を書いたのは、経済学者のケネス・ロゴフとカーメン・ラインハートです。

彼らの主張は、政府債務がＧＤＰの三〇％くらいだと成長率は四・一％、三〇〜六〇％だと二・八％、六〇〜九〇％だと二・八％ぐらいになるというもの。しかし、政府債務が九〇％を超えると成長率はマイナス〇・一％にガクンと落ちます。

これは「財政の崖」というショッキングなネーミングで一世を風靡《ふうび》しました。

当時、これを真に受けた世界中の政治家が、大騒ぎをしました。アメリカの共和党は「財政の崖」が大変だと、債務上限法の改正に反対して、連邦政府を機能停止寸前に追い込む愚かなパフォーマンスを演じた。ヨーロッパでは、欧州委員会、欧州中央銀行（ＥＣＢ）、そして「別の宇宙に住んでいる」ドイツが、南欧諸国に緊縮財政をごり押ししました。日本の財政再建原理主義者が「ゾーゼー、ゾーゼー」と騒いでいるのも、この論文が根拠です。

ところが、この論文はウソでした。なんと、ロゴフとラインハートはエクセルの操作を間違えて、重大な計算ミスをしてしまったのです。この衝撃的な事実は、マサチューセッツ大学の博士課程に在籍していたトーマス・ハーンドンという大学院生が偶然発見し、指導教官のマイケル・アッシュ、ロバート・ポーリンと協力して公にしました。

正しいデータを使って計算し直すと、政府の債務がＧＤＰ比で九〇％以上に伸びた場合でも、経済成長率は何と二・二％であることが分かりました。間違いを指摘されたロゴフとラインハートも、この結果を認めざるをえませんでした。

実は、債務残高と経済成長の間には、それほど強い相関はなかったのです。もう、この時点で、ギリシャのように債務が多いから日本経済も危機的な状況に陥るという見立てに何の根拠もないことが分かります。

しかし、すでに決着した問題であるにもかかわらず、日本の大新聞やマスコミは、このことをまったく取り上げません。

現在の日本は「円安株高」路線を

ギリシャがいま経済危機に陥っている理由は、債務残高が大きいからではありません。その理由は、ギリシャは二〇〇一年に共通通貨のユーロを採用したことによって、自国通貨ドラクマを放棄したことにあります。

為替レートはあらゆる経済的なショックを吸収する緩衝材《かんしょうざい》です。ギリシャのような小国がこれを捨てれば、外の世界のショックがダイレクトに国内に伝わり、経済が不安定化するのは当然のこと……この点について、経済学の知見を使って簡単に解説します。

経済学には「国際金融のトリレンマ」というフレームワークがあります。これは次の三つのうち二つを満たすと残りの一つは絶対に達成できないという掟です。

ユーロ導入前のギリシャは以下のような状態にありました。

①固定相場制　×
②自由な金融政策　○
③自由な資本取引　○

ギリシャはドラクマという独自通貨を持ち、基本的には変動相場制だったので①は満たすことができませんでした。その代わり②と③については、自国の望ましい経済状態を作るために利用することができました。

特に、②の金融政策でフリーハンドを持つことは、ギリシャにとって非常に重要だった。なぜなら、たび重なる国家破産状況を救ってきたのが、拡張的な金融政策だったからです。

ところが、ギリシャはユーロを導入し、自国通貨を捨ててしまいました。それは、実質的には固定相場制を採用したのと同じ意味になります。よって、ユーロ導入後のギリシャは、以下のような状態になりました。

①固定相場制　○
②自由な金融政策　×
③自由な資本取引　○

EUの理念である自由な資本取引は絶対に規制できません。にもかかわらず、ユーロを導入してドラクマを捨ててしまった。これは固定相場制への移行……必然的に自由な金融政策を放棄することを意味します。それまでのギリシャの歴史から考えると、一大事だったのです。

ところが、二〇〇一年当時、だれもこのリスクに注目する人はいませんでした。過去二〇〇年間に一〇〇回デフォルトしたギリシャが、ユーロの導入によって、ドイツやフランスのような先進国の仲間入りを果たしたかのような錯覚《さっかく》をしたのです。

かつてのギリシャは、国家破産するたびに為替レートを切り下げて乗り切りました。独自通貨ドラクマの頃は、いつ大暴落するか分からなかったので、海外からギリシャへの投資もおのずと抑制的にならざるを得ませんでした。ところがユーロ導入によって為替リスクがゼロになったため、欧州の金融機関がこぞってギリシャ向けの貸し出しを増やしたのです。

ＧＤＰが日本の神奈川県ほどしかないギリシャに多くの資金が集まれば、たちまちバブルが発生します。ギリシャで起こったのは典型的な住宅バブルでした。

その後、リーマンショックが発生し、欧州の金融機関のバランスシートに大穴が空きました。すると、欧州の金融機関は突然手のひらを返し、資金回収モードに移行しました。ギリシャでも貸しはがしのような状況が頻発し、すぐにバブルは崩壊しました。

昔なら、ここで対外債務を踏み倒し、自国通貨を大暴落させれば済みました。ところがユーロを導入したために、それができなくなってしまったのです。

すると、ギリシャは国内にあるユーロをかき集めて返済に充《あ》てるしかありません。しかし、返済に充てた分だけ政府の財政支出は削られます。年金や補助金、国営企業の営業まで、さまざまな面でマイナスの影響が出ました。

さらに、政府による債務不履行（デフォルト）によって、ギリシャはユーロから脱退するのではないかといった噂が市場を駆け回りました。まさに踏んだり蹴ったりです。

さて、このような状況は日本に当てはまるでしょうか？　日本には独自通貨である円があります。また、固定相場制は採用されておらず、四〇年以上前から変動相場制が採用されています。国際金融のトリレンマで見た日本の状況は、次の通りです。

①固定相場制　×
②自由な金融政策　◯
③自由な資本取引　◯

さらに日本の場合、国債の九割以上が日本国内の投資家によって保有されています。ギリシャのような意味での対外債務はありません。それどころか逆に、世界で一番大きい対外純資産を持っています。

また、仮にギリシャのように日本が危ないと思われて、日本円が売り崩されるような場合はどうでしょう。「円売り＝円安」ですから、当然、輸出企業の収益は大幅にアップします。もちろん、これらの企業の株価も上がるでしょう。

それにつられて国内景気は大フィーバーし、税収も大幅に増えることが予想されます。だとすると、財政は健全化されてしまうのではないでしょうか。

このように、日本は初期設定も経済状況もギリシャとは似ても似つきませんし、仮に誰かが日本売りを始めれば、かえって日本企業は巨額の収益を上げることになってしまいます。むしろ、いま日本経済が恐れるべきは円高株安。自国通貨高をいかに回避するかというのが日本経済復活のカギといっても過言ではありません。ギリシャとは、状況がぜんぜん違うということがお分かりいただけるでしょう。

経済状況は、その国の持つ特徴や周辺の環境など諸条件によって決まります。債務総額とＧＤＰを比較した数字を取り出してみたところで、それだけで何かが決まるわけではありません。

大新聞などは、増税したいだけの財務省の「ご説明」を真に受けて、自分の頭では考えないので、ギリシャと日本の区別もついていません。偏差値の高い大学を出た人が記者のなかにはたくさんいると聞きますが、どうも偏差値は真の学力を反映していないようです。

あとがき——日本経済を貶める行為の本質

二〇一六年七月の参院選に圧勝した安倍政権は、大型の景気対策を実施すると、かねてから噂がありました。ところが財務省は、これに水面下で抵抗していたようです。事の発端《ほったん》は七月二一日に毎日新聞（電子版）に載り、他のマスコミが後追いした次のニュースです。

〈経済対策　事業規模二〇兆円超で調整　景気下支え

政府が新たにまとめる経済対策の事業規模を二〇兆円超で調整していることが二〇日、分かった。当初は一〇兆円超の見込みだったが、倍増させる。追加の財政支出は三兆円超（国・地方の合計）として、残りは財政投融資や民間事業を積み増してかさ上げする。事業規模を膨らませ、景気下支えに本腰を入れる姿勢を示す狙いがあるとみられる〉

消費税増税による消費の低迷で、日本経済は一〇兆円の需給ギャップを抱えているといわれています。個人も会社もお金を使わないときに、政府まで緊縮財政をしてお金を使わなくなると、誰もお金を使う人がいなくなってしまいます。経済学の掟では、誰かの支出は誰かの収入になるので、誰も支出しなくなれば、皆が収入を得られません。ですから、こういうときは政府が率先してお金を使って、人々の期待を転換させる必要があります。

それも、増税や国債の売却によって得た資金でやったら意味がありません。個人や会社から巻き上げたお金を市場にばら撒いたところで、掘った穴を埋め戻す効果しかないからです。むしろ、こういうときには一旦、財政規律やインフレ懸念などは忘れるべきです。日銀が新たに紙幣を印刷し、大規模な景気対策を行えば、お金不足を解消しつつ、景気を良くすることができます。お金不足の解消とは、デフレ脱却のことにほかなりません。

ところが、財務省はできるだけ予算額を大きく見せつつも、実際には財政支出を増やしたくなかったようです。この記事にある通り、事業規模は二〇兆円であっても、追加の財政支出、いわゆる返済不要の「真水」はたったの三兆円です。これでは一〇兆円の需給ギャップを埋め合わせることはできません。

もちろん、この記事は、財務省のリークをそのまま載せたクソ記事でした。それが証拠に、五日後の七月二六日には、「真水」が倍増の六兆円になったという記事が、日本経済新聞（電子版）に載りました。

〈経済対策、財政支出六兆円に増額　政府が骨格

政府は二五日、来月二日にもまとめる経済対策の骨格を固めた。焦点となっていた国と地方の財政支出（真水）は今年度二次補正予算や来年度予算案などの数年間の予算総額を六兆円程度に積み増す方向で調整する。

（中略）財務省は当初、真水を三兆円程度にとどめる案を安倍晋三首相に示していたが、政府・与党内の増額要求に配慮し、六兆円程度に倍増させた。二六日からの与党内調整で、規模はさらに増える可能性も残っている〉

財務省が三兆円というとても低い球を投げて、官邸や与党に反発されたので、六兆円に倍増させて負けたフリをしたというのがよく分かります。しかし六兆円でも、需給ギャップ一〇兆円からすれば、迫力不足です。安倍総理は腹に据えかねたのでしょう。翌日にはこんな「逆襲」に出ました。

以下、七月二七日の日本経済新聞（電子版）の記事を紹介します。

〈経済対策、事業規模二八兆円　現金給付一万五〇〇〇円に

安倍晋三首相は二七日、福岡市で講演し、八月二日に閣議決定する経済対策について「事

業規模で二八兆円を上回る総合的かつ大胆な経済対策をまとめたい」と表明した。国と地方の財政支出（真水）や財政投融資を合計した財政措置は一三兆円とする方針も示した。「真水」で六兆円超、財政投融資も六兆円超とする方向だ〉

新聞記者はいったいどこを取材しているのでしょうか？　財務省の記者クラブでお茶を飲んでばかりいるから、安倍総理にまんまと出し抜かれるんです。

この記事のポイントは、安倍総理が需給ギャップの金額を意識して、真水六兆円にプラスして、限りなく「真水化」できる財投債（財政投融資の原資となる）の利用できる枠を六兆上積みすると発言したところです（ちなみにこの後、真水の金額は七・五兆円で閣議決定されました）。

「真水」というのは、返済不要の財政支出のことです。なぜ財投債を使うと返済不要になるのか？　ここに、朝日新聞をはじめとした「財務省のポチ」が逆立ちしても報道しないカラクリがあるのです。

たとえば、償還期限が五〇〇年の財投債を六兆円発行して、それを全額、日銀が引き受けたとしたらどうなるでしょう？　この資金は事実上、返済不要ですよね？　これこそが、内閣官房参与の本田《ほんだ》悦朗《えつろう》氏が、ＦＲＢ議長のベン・バーナンキ氏に話したといわれている「永久債」という発想です。

そして、こんな大胆なことができる理由は、未だに日銀がインフレターゲット、すなわち物価上昇率二％を達成していないからです。政府と日銀が協力すれば、金融緩和に限界はありません。インフレ目標を達成するまで手段を選ばずに金融緩和をし続ければ、問題は解決できるのです。

もちろん、「永久債」というのは劇薬ですから、もう少し薄めて出すことも可能です。たとえば五〇年満期や三〇年満期の財投債など、やり方はいくらでもあります。ある程度の長さがあれば別に問題はありません。政府は満期が来たら、日銀にお金を返さないで、新しい五〇年債、あるいは三〇年債を渡してやればいいのです。こうやって永久に借り換えするつもりなら、別に債券の償還期限はいつでも問題ありません。

消費税の再増税を延期した安倍総理が、日本経済をどうしたいと思っているのか、普通に考えれば分かりそうなものです。しかし、七月二一日からマスコミは官僚の話ばっかり聞いていて、肝心の総理への取材がまったく疎《おろそ》かになっていました。まさに痛恨のミス……しかしこれこそが、財務省と大新聞が繰り返してきた、日本経済を貶《おとし》める行為の本質なのです。

二〇一六年九月　　上念《じょうねん》　司《つかさ》

上念 司

1969年、東京都に生まれる。中央大学法学部法律学科卒業。日本長期信用銀行、臨海セミナーに勤務したあと独立。2007年、勝間和代氏と株式会社「監査と分析」を設立し、取締役・共同事業パートナーに就任。2011年の東日本大震災に際しては勝間氏と共に「デフレ脱却国民会議」を設立し、事務局長に就任。震災対策として震災国債を日本銀行の買いオペ対象とすることを要求。白川方明総裁までの日本銀行の政策を強く批判してきた。
著書には、『「日銀貴族」が国を滅ぼす』(光文社新書)、『異次元緩和の先にあるとてつもない日本』(徳間書店)、『経済で読み解く大東亜戦争』(ベストセラーズ)などがある。

講談社+α《プラスアルファ》新書 744-1 C

財務省《ざいむしょう》と大新聞《だいしんぶん》が隠《かく》す本当《ほんとう》は世界一《せかいいち》の日本経済《にほんけいざい》

上念《じょうねん》 司《つかさ》

2016年 9 月20日第1刷発行
2016年10月19日第4刷発行

発行者——— 鈴木 哲
発行所——— 株式会社 講談社
東京都文京区音羽2-12-21 〒112-8001
電話 編集(03)5395-3522
販売(03)5395-4415
業務(03)5395-3615

カバー写真——— 乾 晋也
デザイン——— 鈴木成一デザイン室
本文組版——— 朝日メディアインターナショナル株式会社
カバー印刷——— 共同印刷株式会社
印刷——— 慶昌堂印刷株式会社
製本——— 株式会社若林製本工場

Printed in Japan
ISBN978-4-06-272957-4

講談社+α新書

中国経済「1100兆円破綻」の衝撃　近藤大介
7000万人が総額560兆円を失ったと言われる今回の中国株バブル崩壊の実態に迫る！
760円 711-1 C

会社という病　江上 剛
人事、出世、派閥、上司、残業、査定、成果主義……。諸悪の根源＝会社の病理を一刀両断！
850円 712-1 C

GDP4%の日本農業は自動車産業を超える　窪田新之助
2025年には、1戸あたり10ヘクタールに!! 超大規模化する農地で、農業は輸出産業になる！
890円 713-1 C

中国が喰いモノにするアフリカを日本が救う　200兆円市場のラストフロンティアで儲ける　ムウェテ・ムルアカ
世界の嫌われ者・中国から〝ラストフロンティア〟を取り戻せ！ 日本の成長を約束する本!!
840円 714-1 C

インドと日本は最強コンビ　サンジーヴ・スィンハ
天才コンサルタントが見た、日本企業と人々の「何コレ!?」——日本とインドは最強のコンビ
840円 715-1 C

血液をきれいにして病気を防ぐ、治す　50歳からの食養生　森下敬一
なぜ今、50代、60代で亡くなる人が多いのか？ 身体から排毒し健康になる現代の食養生を教示
840円 716-1 B

OTAKU《オタク》エリート　2020年にはアキバ・カルチャーが世界のビジネス常識になる　羽生雄毅
世界で続出するアキバエリート。オックスフォード卒の筋金入りオタクが描く日本文化最強論
750円 717-1 C

男が選ぶオンナたち　**愛され女子研究**　おかざきなな
なぜ吹石一恵は選ばれたのか？ 1万人を変身させた元芸能プロ社長が解き明かすモテの真実！
840円 718-1 A

阪神タイガース「黒歴史」　平井隆司
伝説の虎番が明かす！ お家騒動からダメ虎誕生秘話まで、抱腹絶倒の裏のウラを全部書く!!
840円 719-1 C

ラグビー日本代表を変えた「心の鍛え方」　荒木香織
「五郎丸ポーズ」の生みの親であるメンタルコーチの初著作。強い心を作る技術を伝授する
840円 720-1 A

SNS時代の文章術　野地秩嘉
「文章力ほんとにゼロ」からプロの物書きになった筆者だから書けた「21世紀の文章読本」
840円 721-1 C

表示価格はすべて本体価格（税別）です。本体価格は変更することがあります